U0636951

WENZHOU
MINYINGJINGJI
JIEWU

温州民营经济解悟
以乐清为例

陈明乾◎著

中华工商联合出版社

图书在版编目（CIP）数据

温州民营经济解悟：以乐清为例 / 陈明乾著 .
-- 北京：中华工商联合出版社，2022.10
ISBN 978-7-5158-3551-8

Ⅰ.①温… Ⅱ.①陈… Ⅲ.①民营经济 – 经济发展 –
研究 – 乐清 Ⅳ.① F121.23

中国版本图书馆 CIP 数据核字（2022）第 184845 号

温州民营经济解悟：以乐清为例

著　　者：陈明乾
出 品 人：刘　刚
责任编辑：吴建新
装帧设计：张合涛
责任审读：付德华
责任印制：迈致红
出版发行：中华工商联合出版社有限责任公司
印　　刷：北京毅峰迅捷印刷有限公司
版　　次：2022 年 11 月第 1 版
印　　次：2023 年 4 月第 2 次印刷
开　　本：710mm×1000 mm　1/16
字　　数：172 千字
印　　张：16.25
书　　号：ISBN 978-7-5158-3551-8
定　　价：69.00 元

服务热线：010-58301130-0（前台）
销售热线：010-58302977（网店部）
　　　　　010-58302166（门店部）
　　　　　010-58302837（馆配部、新媒体部）　　工商联版图书
　　　　　010-58302813（团购部）　　　　　　　版权所有　盗版必究
地址邮编：北京市西城区西环广场 A 座
　　　　　19-20 层，100044
http://www.chgslcbs.cn　　　　　　　　　　　凡本社图书出现印装质量问题，
　　　　　　　　　　　　　　　　　　　　　　　请与印务部联系。
投稿热线：010-58302907（总编室）
联系电话：010-58302915
投稿邮箱：1621239583@qq.com

序

  这是一本学者型公务员的著作，也是一本见证温州经济模式之重要构建——乐清市政府谋求改善营商环境、勉力服务和发展民营经济的史料性书籍。陈明乾教授以17篇不同类型报告的形式，将他从1996年至2021年间对乐清经济发展的思考、评析和建议呈现给读者，且保持了调查研究数据和经济发展思想的原生态，难能可贵！为后来者研究温州地方政府与民营企业家发展温州独特经济模式，提供了珍贵的第一手资料。作为读者的我们在阅读时应当注意，书中任何看起来枯燥乏味的部分，都是作者的匠心之力。

  改革开放以来，温州的知名度很高。很多人赞誉温州人是东方的犹太人，遍布全球，敢想敢干。耳闻在改革开放初期的传真机年代，巴黎某橱窗刚展示的时装次日便在温州出现。这说明温州企业家很懂得构建信息优势，让自己及时看到市场变化，更早更快地知道自己下一步该怎么做，而这个"知道"并不是因为温州企业有多强大，完全因为所处的圈子更加拥有信息优势。于是成就了"哪里有市场那里就有温州人，哪里有温州人那里就有市场"的温州知名度。

毫不例外，温州需要知名度与美誉度相得益彰。现在是互联网普及、自媒体众多、人人都是麦克风的时代，信息优势已经完全"被躺平"，甚至有些泛滥，对城市美誉度建设的要求越来越高。同时我们身处一个变幻莫测的 VUCA 世界，无论对政府、企业或者个人，都是一种考验。所谓 VUCA（Volatillity、Uncertainty、Complexity、Ambiguity）世界，是指我们正面对着一个易变的、不确定性的、复杂而模糊的环境。照此定义来说，温州民营企业家不必担心 VUCA 本身给自己带来的危险，而是如何在信息泛滥和 VUCA 环境中洞察市场变化，捕捉有效信息，理性思考，科学决策！陈明乾教授撰写的《温州民营经济解悟：以乐清为例》这本书为企业家、政府官员提供了翔实的过往信息数据，他们可以从这些历史的信息数据中梳理发现地方政府对经济发展的重点思考和主要抓手，使自己在不确定中寻找比较优势，在复杂模糊中做到动态决策。

还没说透 VUCA，元宇宙已强势来临。尽管目前对元宇宙的探索如同无轨电车，但本质是基于数字孪生技术的数字经济体系，将虚拟世界与现实世界在经济系统、社交系统、身份系统上密切融合。这意味着数字经济不再只是云计算、物联网、区块链、新零售等，而是成为重组要素资源、重塑经济结构、改变竞争格局的关键力量。单从我国各级政府组建大数据管理局和数据交易平台的力度看，可见一斑。企望温州地方政府和企业家迎头而上，抓住这轮数字经济技术革命，实现数字物理交互交易，以虚强实，跻身数字经济前列，为提升城市美誉度贡献力量。

　　"千年商港、幸福温州"，如何在高知名度的基础上实现高美誉度？唯有建设城市品牌力。城市品牌力的建设，是以创造各个产业品牌为出发点，通过对运维基础、民风民俗、营商环境、招商引资、品牌传播、创新能力等维度的分析诊断，构建起以产业为主体、发展为导向、文化认同为抓手的城市价值体系。其中文化认同很关键——品牌的根本是文化认同。人们对温州认知度的高低，或者说愿不愿意在温州工作生活，乃至愿不愿意与温州人交往，主要取决于对温州文化的认同程度。城市品牌的文化认同是指一个城市通过各种载体和经营活动，向受众传达鲜明的价值主张和文化内禀，形成受众对这个城市在精神上认可，在情感上向往，在行为上付诸行动，进而实现城市品牌资产积累和招商引资、招才引智之目标。陈明乾教授在这本书中很好地演绎了品牌的根本是文化认同，让我们感受到文化认同对一个城市经济社会发展的作用。例如书中提到的那些置业他乡异国的乐清籍企业家与政府考察团用乡音交流，用自己回乡投资创业或帮助政府引资引智的行动，助推家乡经济发展，助力乡村振兴等，其背后的真实反映是文化的认同。

　　乐清是温州经济模式的发祥地，人杰地灵，勤劳奋苦，好学好悟。在改革发展中模拟领先者，研究其底层逻辑，通过不断试错获取市场认可，再结合"三缘（血缘、亲缘、地缘）"传帮带优势，快速形成社会化生产、销售、服务等经营模式。市场是动态的，经营模式也应该是动态变化的。德鲁克曾说过，动荡时代最大的危机不是动荡本身，而是仍然用过去的逻辑做事。在新的经济时代，面对 VUCA 和元宇宙，希望已经完成创业积累的温州民营企业家，更好地发挥他们天生对信息敏感、对知识渴望、对环境适应和对资本运作的优势，以坚定的信念、明确的主业、诚信的经营、保守的财务为前提，抓住机遇，发挥企业家精神，积极运用 MVP（Minimum Viable Product），提高企业快速应对营商环境变化的新能力，包括捕捉场景、建立社群、创造内容、多维联结等，然后不断复盘、迭代和社会化分工，创建适应甚至引领新时代经济发展的新温州模式。

陈云勇　博士　研究生导师

上海复大品牌研究所所长

复旦大学东方管理研究院教研基地主任

2022 年 7 月 10 日于上海

目 录

在外乐清人开展中俄边境贸易情况考察报告

（1996 年 7 月）

　　根据市政府统一部署，由朱银存（市外经贸委主任）、余淑华（市统计局副局长）、崔志湘（芙蓉镇副镇长）、陈忠强（市工商局虹桥分局副局长）、陈明乾（市府办外联科副科长）组成的东北片边贸暨对外联络考察组一行 5 人，于 7 月 5 日至 7 月 24 日先后到北京、哈尔滨、黑河、绥芬河、青岛等地，通过走访乐清在外工商户的生产经营场所、边贸市场，召开骨干人员座谈会，拜访当地政府部门领导，初步掌握了乐清市在外工商户开展中俄边境贸易的基本情况，增进了与本市在外工商户的联络，达到了预期的目的。现将乐清市在外工商户开展中俄边境贸易的有关情况报告如下：

一、乐清市开展中俄边境贸易基本情况

　　为了掌握本市在外工商户开展中俄边境贸易的时代背景，考察组先后在黑河、绥芬河分别请黑河市外经贸委办公室主任张俊鹏、绥芬河市人民政府财贸办公室主任兼市对外贸易经济合作局局长鲁麦琪介

绍了中俄边境贸易发展情况。1987年9月我国恢复对苏联的边境贸易，我国东北部与苏联相邻的黑河、绥芬河、满洲里等地边境贸易逐渐发展。1990年，随着苏联的解体，以前苏联呈封闭状态的经济体制发生变革，以及俄罗斯国民对生活急需的轻工业商品的渴求，中俄边境贸易日趋兴旺。1992年我国国务院正式确定黑河、绥芬河为国家级沿边开放城市，推动了中俄边贸高潮的到来。即第一阶段，自1987年至1993年上半年为中俄边贸逐步发展并形成高潮阶段。1992年和1993年黑河边贸额每年达40亿至50亿元，绥芬河1992年为16亿元，1993年为25亿至30亿元。第二阶段，1993年下半年至1994年上半年，由于俄罗斯实行签证制度，又正值我国加大国民经济宏观调控力度，中俄边贸出现下滑趋势，此时为中俄边贸困难时期。第三阶段，1995年下半年至1996年，由于中俄两国调整有关政策，边贸形势走出低谷，为中俄边贸回升时期。在黑河、绥芬河等中俄边境互市贸易不断发展的同时，据本市在京工商户介绍，近两三年来北京雅宝路一带的边贸发展迅速，年销售额已达90亿至100亿元。在中俄边贸发展过程中，乐清市外出工商户抓住机遇，敢闯敢拼，努力寻找自己在中俄边贸中的位置，北京、黑河、绥芬河等地的边贸市场留下了乐清工商户创业的足迹。

（一）北京边贸市场。它位于北京市雅宝路，如今没有一位俄罗斯客商不知雅宝路的。提起北京边贸市场的兴起，在雅宝路经商的乐清知情人都夸芙蓉镇林建飞开了一个好头。1990年，在京经商的林建飞，经常接触以旅游者身份来京的俄罗斯商人前来采购服装，几经思考就萌发了专做边贸生意的念头。她试着在地处使馆区附近雅宝路的日坛宾馆内包租客房，聘用两名俄语翻译，把服装样品陈列在客房内，约请俄罗斯客商前来看样订货。意想不到的是，经过几个月的经营，林建飞的边贸生意越做越大，后来被林聘用的两名俄语翻译也各自另起炉灶做边贸生意了。从此，日坛宾馆边贸看好的信息不断在工商经营户中传递，日坛宾馆的边贸市场也就逐渐发展起来。尔后，经过整顿、管理、提高，发展成为现雅宝路一带包括日坛宾馆南北楼、外交部北斗星大厦、雅宝大厦和雅宝路两旁简易摊位在内，年销售额近 100 亿元的边贸市场。

据初步统计，在北京边贸市场从业的乐清人有 63 户，从业人员 130 多人，年销售额在 10 亿元以上，主要经销商品为服装。从业人员来自清江、芙蓉、雁芙、南塘、岭底、虹桥、南岳等乡镇。以从业性质划分，本市在京边贸市场的人员可分两大类型：一类承包市场摊位进行转租，并兼营边贸业务。此一类型人数较少，如芙蓉镇谢庆星、黄帮谦与北京友人合股承包日坛宾馆南楼全部客房，创建北京市日坛宾馆南楼服装市场；还有芙蓉夏国民与林建飞夫妇、包国栋、虹桥张思翔等都在日坛宾馆南楼、北斗星大厦、雅宝大厦承包商位进行转租，均获成功。另一类型是承租商位专营边贸业务。他们在宾馆、大厦商位内与俄商人洽谈业务，看样订货，一两天内发货，经海关空运至俄罗斯。近几年来捷足先登雅宝路边贸市场的经营户绝大部分获利丰厚。如雁芙的卢海平，年销售额在 1 亿元以上，边贸生意越做越红火，他已在京拥有一套购价 700 万元的寓舍、一辆奔驰轿车，还有一笔为数不小的自有周转资金。据业内人士称，在北京如果说做内贸的乐清人中潘金立、卢必泽、金纪顺等人比较成功的话，那么，在做边贸生意的乐清人中卢海平、夏国民、谢庆星、黄邦谦、杨里良等人也是比较成功的。

据了解，北京雅宝路边贸市场的商品主要来源于三个渠道：一是浙江（特别是乐清）工商户在京加工的服装，春夏为裙子、衬衫等时装，秋冬为皮衣、风衣；二是从福建石狮、广东广州、浙江海宁等著名服装产销市场采购而来；三是边贸经商户从家乡调运的当地产品，如浙江湖州、海宁人在京边贸业务很大，其产品大多为当地产的羊毛衫、皮衣等服装。但据调查了解，乐清产的服装在京边贸市场销售很少，究其原因，是由于到乐清调运服装税负偏高。至于在京边贸市场经营的税负、工商费负担方面的问题，经营户说税费是包干的，如在日坛宾馆市场每个商位每月上缴税收1680元、工商管理费300元，比起每年10万至20多万元不等的商位租金，税费担负是不重的。

（二）黑河边贸市场。黑河市为地级市，全市人口为160万，市区人口约16万，与俄罗斯远东第三大城市布拉戈维申斯克市隔黑龙江相对。随着黑河的对外开放，黑河的边贸曾辉煌一时，1992年有20个省市在黑河建立办事处，试图在黑河开辟中俄边贸新天地。乐清市工商户在黑河从事边贸最早的有四五年历史了。据初步统计，本市在黑河从事边贸业务的有32户，从业人员有60多人，他们大多在中央街两旁租用商位营业，年销售额约有3.5亿元，人员主要来自清江、芙蓉、南塘、虹桥、天成、石帆、雁荡等乡镇。据芙蓉的包哲杰、包国栋、石帆的赵银生介绍，本市经营户在此从事边贸的经营规模比不上北京，房租等开支相对较低，边贸利润也较低。由于季节关系，目前本市经营户经营的主导商品皮装销售业务较少，只得等待秋冬8月中旬至10月中旬边贸旺市的到来。

黑河边贸还有一个显著特点就是冬、春时节的"闭关"。由于我国黑河与俄罗斯被黑龙江所隔，黑龙江大桥还未兴建，冬季江水结冰期即在11月至12月的50多天时间内轮船不得过江，故要"闭关"；待冰冻坚固后的1月份，人员、汽车可以冰上过江时"开关"，据说这时"开关"后，边贸生意特别红火；3月至4月黑龙江化冰时节又要"闭关"50多天，到5月份才可"开关"。此为影响黑河边贸发展的一大自然障碍。

（三）绥芬河边贸市场。绥芬河市位于黑龙江省东南部，东与俄罗斯远东最发达地区——滨海边疆区接壤，边境长26公里。辖区面积460平方公里，常住人口4万余人。1975年建市（县级市）。绥芬河市随着1992年被国务院批准为国家第一批沿边开放城市，边贸事业发展迅速，国际大通道的"窗口"和"桥梁"作用日益显著。绥芬河市现有最大的边贸市场——青云商场，于1991年投入使用，建筑面积1万平方米，现有商位1500个，从业人员5000人，其中80%为外省市人员，经营轻工产品，年销售额12亿元以上。乐清市在绥芬河从事边贸已有五六年历史，产品包括服装、鞋帽、灯具及小商品。据初步统计，本市在绥芬河从事边贸的有25户，共50多人，年销售额约有3亿元，人员主要来自大荆、湖雾、雁荡、清江等地。

二、乐清市开展中俄边境贸易存在问题与趋势分析

边贸是国家对外贸易的组成部分，乐清市在外工商户从事的边贸实质是对外民间贸易，如北京边贸市场属于不规范的对外民间贸易，黑河、绥芬河的边贸则是边民互市贸易。综观本市在外工商户开展边贸的实际情况，考察组认为成功之时潜伏危机，发展过程伴随问题。就经营户自身而言，至少存在以下几方面问题：

（一）**商品质量问题**。有一位长期与俄罗斯客商打交道的人士说："给俄罗斯的商品与其美观一些，不如坚实一些。"当然这不是说俄罗斯人不讲求商品外观美，这只能说明俄罗斯人更注重商品的内在质量。由于本市边贸经营户大多无固定的生产基地，故商品的质量难以保障。许多边贸经营户深有体会地感叹道，如有一次交货的商品质量差，就会断送一位老客户。而从成功者的事例也说明商品质量是成功之母，卢海平边贸经营很成功，在很大程度上靠的是风衣的质量，因为他有国内生产"长城"牌风衣的长城集团作为他的定点生产基地。

（二）**自身素质问题**。本市从事边贸的经营户普遍反映说，想当初北京人做边贸生意是我们乐清人给带出师的，但现在我们比不上人家。为什么？因为他们文化素质高，市场信息灵，还会讲俄语，原来不懂俄语的，现在也会俄语了。而我们大多数乐清人呢？苦苦地靠翻译，犹如"鲅鱼（海蜇）靠虾过日子"。另外，本市许多边贸人员不

懂国家外贸政策和国际惯例，被俄不法商人诈骗的也不乏其人，因此增加了开展边贸的风险。

（三）**竞争手段问题**。俄罗斯加大对外开放力度，东南亚各国的优质商品不断进入俄国商店。1993年以前中国商品在俄高价差、高利润的时代已经过去。这样，俄罗斯客商在中国边贸市场上压价成交的现象越来越普遍。而我们的边贸经营户也被俄商牵着鼻子走，商品售价一降再降。据说，有的大宗商品净利不到1%。单纯凭借价格优势竞争，将很难在边贸市场竞争中获胜，必须采用以优取胜、信誉取胜、服务取胜、满意取胜等多种手段和策略。

（四）**经营方式问题**。俄罗斯的客商原来多以旅游身份进入边贸市场，现以跨国公司名义进入边贸市场的逐渐增多，进货量也不断增加，将成为发展趋势。而本市工商户单干经营，有的已显得力不从心。为了便于与国际惯例接轨，必须改变个体工商户的身份，可以联合起来在当地注册登记建立边贸公司。

与此同时，考察组的东北边境之行，通过种种渠道获取的信息，预示中俄经贸合作将进入新的发展阶段。主要根据是：

（一）**俄罗斯出台远东地区发展纲要**。俄联邦政府在哈巴罗夫斯克召开了远东地区经济协调会议，拟定了"远东地区发展纲要"，制定了经济发展十年规划，确定了中国为远东地区对外贸易的主要伙伴。会议强调，政府应采取相应措施，逐步解决在边境贸易过程中出现的问题，今后一切工作都要以有助于发展俄中经贸关系为基础。远东地区发展纲要提出，2000年前，要在远东俄中边境设立开发地带，其中与对应的黑河、绥芬河、珲春、满洲里等主要城市建立经济合作区、开发区、仓储区。包括：（1）在布拉戈维申斯克与黑河之间建立一座阿穆河（黑龙江）大桥；（2）在扎鲁滨与珲春之间开辟一条连接东北亚的交通通道；（3）在后贝加尔与满洲里建设具有世界先进水平的仓储区及工业开发区；（4）重新拟定布拉戈维申斯克与黑河经济合作区的经济发展草案。

（二）中俄确立21世纪战略伙伴关系。在今年4月份叶利钦总统来华访问期间，中俄两国领导人经过协商确定两国之间的关系是21世纪战略伙伴。值得一提的是，中俄两国之间的经贸关系对这次高层次的会面起到了很大的作用，双方都对边境和地区间贸易这个问题予以极大关注。可以这么说，中俄两国的经贸合作进入了一个新的发展阶段，其表现在，双方贸易结算方式按国际规范进行，双方的合作方式多样化，既有技术合作，又有生产合作，还有投资合作；双方的合作领域不断扩大，正在进行或探讨在能源、交通和航空航天、卫星等高科技领域的合作。在今年的6月12日和14日，俄主管贸易的副总理主持召开了一次会议，会议的突出议题是研究与中国的经贸合作问题，重点研究如何完成叶利钦总统提出的到2000年俄中贸易额翻两番问题。而今夏叶利钦总统大选连任，将有利于俄政局的稳定和对外政策的连续。

（三）我国出台边境贸易相关政策。我国政府为了鼓励边境地区积极发展与毗邻国家间的边境贸易与经济合作，今年初国务院下发了国发〔1996〕2号《国务院关于边境贸易有关问题的通知》，必将有力地促进中俄边境贸易健康发展。黑河、绥芬河等沿边开放城市正在深化改革，扩大开放，加快发展，满怀信心地迎接第二个边贸春天的到来。黑河市政府确定 1996 年为招商引资年，加快开发黑河市边境经济合作区，促进"南联北开"，中俄合作筹建的黑龙江大桥也将于今年底或明年初开工。绥芬河市提出"以贸兴业，富民强市，建设现代化国境商都"，以宽松的环境、优惠的政策、热情的服务，迎接四方客商前来投资经商发财。

（四）俄罗斯的基本国情决定俄国离不开中俄边贸市场。据绥芬河市对外贸易经济合作局局长鲁麦琪分析，俄罗斯虽属发达国家，而国民习惯与我国不同，随着俄产业结构进一步"软化"，劳动密集型产品将在很长一段时期内不能满足他们的需求，而中国的中低档轻工产品总体上能被俄工薪阶层所接受，在俄的市场占有率较大。因此，在中俄两国关系正常、友好的前提下，中俄边贸将会得到持续、快速发展。

鉴于上述情况，考察组认为，中俄边境贸易前途是光明的，潜力是巨大的，尤其是随着边境小额贸易与一般贸易的并轨，边境地区的边民互市贸易最有潜力，而北京的对外民间贸易将来可能会受到国家宏观政策的引导和规范。因此，我们必须发挥优势，正视问题，因势利导，掌握政策，找准位置，以便继续在中俄边境贸易中大显身手。

三、对乐清市发展中俄边境贸易的几点意见和建议

为了促进本市发展中俄边境贸易，考察组拟提如下几点意见和建

议，以供领导参考。

（一）转变观念，统一思想，提高对边贸工作重要性的认识。随着国民经济国际化和经济全球化的发展，对外贸易显得十分重要。对外贸易方式多样，作为对外贸易组成部分的边境贸易简便易行、现实有效，不能不说是本市发展开放型经济的途径之一。因此，全市各级领导应该正视现实，转变观念，统一思想，把边贸工作作为开放型经济工作的组成部分，提到议事日程上来，按时制定指导性边贸计划，定期研究边贸工作，努力促进本市边贸的发展。

（二）加强对我市边贸经营户的联络、服务和引导工作。充分发挥他们开展中俄边贸的主力军作用，把更多的乐清产品销往中俄边贸市场。据调查，本市中俄边贸经营户销售额达 15 亿至 20 亿元，但乐清产品销售比例很低。本市如能制定扶持边贸产品生产、运输、销售的有关倾斜政策，引导边贸经营户在乐清组织货源，那么，中俄边贸将真正成为乐清经济新的增长点。

（三）积极开展中俄边贸市场调查，发展适销对路的商品生产。俄罗斯大量需求的轻工产品，与本市目前的产业结构特点是相吻合的。本市服装鞋革、食品罐头生产厂家众多，生产能力巨大。为此，建议有关方面适时组织相关企业经营者考察中俄边贸市场，开展市场调查，掌握俄罗斯产品需求信息，及时调整本市产品品种结构，便于本市边贸经营户在乐清组织商品，努力开拓、占领中俄边境市场和俄罗斯市场。

（四）市有关部门要积极参与中俄边贸，争取在中俄边境城市设

立经销乐清产品的"窗口"。市外经贸系统、工商局、乡镇企业局等部门应及时研究在中俄边境城市的边贸市场开设乐清产品"窗口"，确定专人常驻中俄边境城市，并以有偿服务为原则，统筹展销企业产品，为本市边贸经营户与企业提供信息、牵线搭桥，促进乐清市边贸工作有序开展。

试论乐清市工业企业市场营销实践与趋势

（1998 年 5 月）

改革开放以来，乐清市以民营企业为主的工业经济发展迅速，成为本市国民经济的重要组成部分。在乐清"一乡一品"的工业发展过程中，逐步形成以低压电器、电子元器件、机械、仪表、化工、建材、服装、皮革、食品饮料、工艺美术等为主导行业的工业结构，其中低压电器、电子元器件是乐清的两大支柱行业，名闻全国。与此同时，由于 80 年代末，乐清柳市低压电器行业出现严重的质量问题，乐清曾一度被国人视为假冒伪劣产品的重灾区，因产品质量声誉造成的市场损失十分惊人，并影响了所有乐清产品的美誉度。只要明示乐清的产品，不论其实际质量如何，都难以理直气壮地进入全国各地主流市场和重点项目。因此，乐清市委市政府按照温州市委市政府开展"第二次创业"的总体部署，坚持不懈地实施"质量立市，名牌兴业"战略，积极推进企业上规模、上档次、上水平，重塑形象，开拓市场，取得了显著成效。本文拟从以下三方面浅述乐清市 1993 年实施"第二次创业"以来加强工业企业市场营销工作实践与发展趋势，以期抛砖引玉。

一、实施"质量立市，名牌兴业"战略，塑造乐清企业新形象

（一）加快工业小区建设和技术改造步伐，促进企业上规模上档次上水平。 作为乐清经济发展主体的股份合作企业，起步于"小打小闹"的家庭作坊，厂房简陋，设备陈旧，技术落后，已严重制约企业规模的扩大，影响产品质量和市场竞争力的提高。针对这种情况，乐清市政府积极引导企业开发工业小区，1993 年至今，全市企业累计投资 11 亿多元，建成 19 个工业小区，近 800 家企业进入工业小区，沿 104 国道的工业走廊集聚了一大批规模型、科技型、外向型的骨干龙头企业。同时，广大企业加大技改投入，不断改善技术装备，采用新材料、新工艺、新设备，开发新产品。1993 年至 1997 年的 5 年间，全市企业技改投入 16.3 亿元，立项 455 项，共开发省级以上新产品 276 项，其中国家级新产品 48 项。

（二）深入开展以打假治劣为重点的质量监管活动，解决了区域性、行业性的产品质量问题。 为了巩固 1990 年全市大规模打假治劣工作成果，近几年来，乐清市有关部门密切配合，查大案、捣窝点、管市场"三管齐下"，先后组织了 10 多次较大规模的查处、整治活动，有效遏制了制售假冒劣质产品的违法行为。同时，加大质量监管力度，1993 年至今市技监局持续进行企业产品的监督抽查工作，还指导、帮助企业组建低压电器、防爆电器等 10 多个行业协会、同业公会组

织，对 100 多个产品实行同行议价，防止偷工减料导致产品质量问题，从而形成了多层次的质量监督管理体系。切实做到"不合格的原料不投产，不合格的产品不出厂，不合格的商品不进市场"。

（三）夯实企业基础工作，推进 ISO9000 系列认证。ISO9000 系列标准是国际标准化组织颁布的质量管理标准，是为供需双方建立信任、实施质量保证而提供的国际通用的质量体系规范。通过 ISO9000 质量认证，就取得了走向国际市场的通行证。1994 年乐清市在中国管理科学研究院信息开发中心等单位的大力指导和帮助下，在全国率先实施以宣传贯彻 ISO9000 系列标准为重点的质量推进计划。为此，全市重点工业企业加快了申报质量体系认证和产品质量认证、安全认证步伐，推动乐清企业管理与国际接轨。自 1994 年底正泰集团在全市率先通过 ISO9001 质量体系认证以来，至今全市已有 54 家企业通过了 ISO9000 系列认证，ISO9000 认证企业之多位居全国各县（市）前列。同时，全市还有 237 家电器、电子生产企业领到部颁生产许可证、安全认证 584 个，共有 200 多个产品通过国际 CB、美国 UL、德国 VDE、欧共体 CE 等认证。

（四）坚持扶优扶强，实施名牌战略。名牌可以代表一个区域总体经济实力，代表一个区域参与全国、全球竞争的能力，加快培育名牌产品，加快形成一批国家级、国际级的名牌企业群体，是提高乐清企业市场竞争力的必然选择。1993 年以来，乐清连续开展了争创"强镇（乡）强厂"和"十佳雁荡杯企业"活动。1996 年市委、市政府又制定了《关于开展树立企业和产品新形象活动的实施意见》，逐步完善对企业的动力机制和激励机制。重点骨干企业内强素质、外树形象，纷纷导入 CI 战略。现在全市有 105 家企业冠浙江省名，136 家企业冠温州市名，38 家企业集团中有 9 家晋升为国内无区域性企业集团，2 家企业被列为中国农业银行总行重点扶持企业，3 家企业被列为省重点扶持的"五个一批"企业，3 种系列产品被命名为"浙江省名牌产品"，9 种产品被命名为"温州市名牌产品"。同时，企业形象不断提升，如 1996 年正泰集团的"正泰"品牌价值已达 3.8 亿元，"正泰""德力西"品牌在国内有一定知名度。

二、利用多元化市场营销方式，提高乐清产品市场占有率

（一）发挥乐清在外工商户的作用，建立覆盖全国的低压电器市场营销网络。改革开放以来，本市外出经商人员遍及全国除台湾省以外的各大、中、小城市，被称为"十万供销大军"。从 1986 年开始，经营低压电器业务的"供销大军"，在九十年代中后期由走销方式转变为直接在所在地设点经销，在全国各大中城市开设了上万间低压电器经营部，推销家乡生产的低压电器，短短几年内就在每个省会城市建立"乐清低压电器一条街"，自发形成了遍及全国的乐清低压电器销售市场。随着 1994 年正泰集团的率先建立，1995 年至 1996 年本市掀起集团热，各个企业集团根据实施品牌战略、扩大市场份额的需要，抓住机遇，筛选利用在外的乐清电器经营部，很快形成全国性的

市场营销网络。据不完全统计，柳市区域 22 家电器行业企业集团每家均在国内各地设立了 200 个以上的销售公司，而正泰、德力西、天正等集团则有 400 个以上。1997 年全市低压电器总销售额近 100 亿元，占全国的三分之一，通过各地集团营销公司经销的占 70% 左右。

（二）通过协作配套途径，建立比较稳固的电子产品直销渠道。国有电子大企业、大集团奉行的专业化细分工、社会化大生产格局，需要大批外协厂家合作生产配协件，近几年内本市虹桥等地的电子生产企业千方百计攀"高亲"，搞联合，争取外协配套权，从而使本市成为全国电子元器件、接插件的主要生产基地和浙江省电子重点县市。目前，本市电子元器件、接插件的销售量约占全国的 70%~80%，国内长虹、康佳、熊猫、牡丹、TCL、小鸭、海尔、美菱、格力、春兰、海信、海尔等名牌家用电器都有我市生产的配协件。配套厂与主机厂的关系是：配套厂按照主机厂所需电子元器件、接插件产品的品种规格型号刻制模具，进行加工生产，并按主机厂的质量标准要求进行检验，根据双方合同价格定期发货，直销主机厂。

（三）争取自营出口权，直接参与国际市场竞争。自浙江乐工缝纫设备有限公司于 1994 年获得自营进出口权以来，至今全市已有 21 家企业（不包括外商投资企业）获得自营进出口权，其中 1997 年新增 10 家。去年全市自营出口额 5275 万美元，比上年增长 63.6%。企业积极争取自营出口权，为出口创汇打开了广阔天地，不仅使企业出口劲头更大，而且救活了一些亏损企业。如乐清罐头厂自 1996 年下半年获自营出口权后，一改以往单纯依靠外贸公司订单的被动状况，主动出击占领市场，与美国一公司签订了出口 1000 吨桔子罐头的合同，并引进国外先进生产、包装技术，开发易拉罐头新产品，实现企业扭亏为盈，迸发生机。自营出口是企业外贸出口的良好选择，据浙江侨光电器集团有限公司的体会，自营出口有四大好处：一是有利于吸引众多客户，直接参与国际市场竞争；二是减少中间环节，加快资金回笼；三是降低出口成本，提高经济效益；四是扩大出口渠道。该公司已在出口东南亚、中东市场的基础上，进入了欧洲市场。

（四）创办境外企业，开展跨国经营。 乐清低压电器骨干企业，抓住本市低压电器产品与技术在国际市场有较大优势和发展空间的机遇，积极发展跨国投资经营。他们在明确海外投资的战略目标之后，慎重地制定战略计划，研究区域和市场布局，设计投资组合，选择合作伙伴，或办独资企业，或进行更高层次的资本经营，至今全市已有德力西、侨光、正泰、三洲等企业在世界各地设立多家代理机构的同时，创办了 16 家境外企业，开展了跨国经营。这样，减少了区域一体化和贸易保护主义对我企业进入国际市场的影响，并促使企业走上国际化的道路，确保在国际市场营销中立于不败之地。

三、树立现代市场营销观念，把握乐清工业企业市场营销发展趋势

（一）顺应营销方式的演变，正确看待专业市场的兴衰。 在"第二次创业"进程中，乐清的经济在发展，市场也在发展变化，而一些

专业市场销售疲软，出现"有场无市"，如柳市低压电器专业市场出现衰退趋势。柳市低压电器专业市场是由街头店铺集中到电器城形成的，1993年7月正式开业，场内有2000多个柜台，市场交易比较活跃。但1994年以来市场交易业绩增长缓慢，直至目前出现逐步衰退的趋势，与这几年全市低压电器产销两旺、呈快速发展势头形成强烈的反差。究其原因，是由以下四个转变引起的：一是由企业依赖专业市场营销产品为主转向专业市场营销和企业直接建立营销渠道、网络并存；二是由本地市场为主转向本地市场和在外市场并举；三是由内销为主转向内销和外销并举；四是由有形市场为主转向有形市场和无形市场并举。现代通讯的发展，使许多商品营销脱离了摆摊设点营销的形式，特别是国际互联网络的兴起将带来市场营销的又一次革命。目前，乐清市已有89家工业企业在国际互联网（因特网）上注册域名，网上交易初露端倪。

（二）有效制止过度压价竞销，切实维护乐清企业形象。从宏观经济看，我国已从短缺经济逐步走向过剩经济，买方市场已经形成，许多行业出现生产过剩，市场竞争日趋激烈。从本市经济发展的现状看，低水平重复多，产品结构格局类同，尤其是产品品种、质量、档次、市场覆盖面雷同，"千军万马过独木桥"，因而不可避免地出现压价竞销现象。这是过剩经济的客观现象，重复建设的必然后果。乐清企业的压价竞销现象，几年前首先在低压电器行业个别品种中出现，随着市场竞争的加剧，逐步蔓延到整个低压电器行业，以及工业缝纫机、电子元器件、钻头、食品饮料等行业。从某种意义上来说，压价竞销提高了乐清产品的市场占有率。但是，过度压价竞销必然导致产品质量下降，企业经济效益受损，势必影响到正在恢复的乐清区域信誉和市场竞争力。因此，这一现象及时引起了乐清市领导层和企业界的高度重视。在着力调整产品结构的同时，引导企业已按产品类型组建同业协会，制定共同遵守章程，健全运行机制，按市场变化定期、定时、公正制定落实同类产品议价即最低保护价，加强企业同行之间的自律工作。同时，市政府根据《反不正当竞争法》等法律法规，整治市场秩序，规范平等竞争的市场环境，责成有关部门对低于成本价倾销产品的企业进行严格的质量检查，并采取按成本价收取税收，银行限制贷款，取消优惠政策等制裁措施。

（三）充分发挥集团营销公司和众多"供销大军"的作用，扩大乐清产品的市场份额。随着乐清企业集团营销网络的全面形成，低压电器市场上乐清营销者之间的竞争白热化，长期营销低压电器的"供销大军"敢问路在何方？毫无疑问，企业集团营销网络日益成为各自产品营销的主力军，并且成为企业的一笔巨额无形资产；理所当然，走遍千山万水、叩开千家万户、说尽千言万语、不辞千辛万苦的"供销大军"，闯荡国内市场，推销乐清产品，其功不可没，也是乐清的宝贵财富，并可预料在幅员辽阔、处于社会主义初级阶段的中国仍有强大的生命力。目前，分布各地的集团营销公司的处境明显优于"供销大军"，一则集团营销公司牌子响亮；二则进货成本较低，集团贷给一定的垫底资金。有鉴于此，各企业集团应权衡有利于自身长远发展和乐清经济社会稳定发展的现实选择，规范各地营销公司的经营行为，平等对待长期营销家乡产品的乐清"供销大军"，促使他们在平等条件下合理、合法竞争。同时，政府部门正在积极引导在外"供销大军"实行多种经营，营销乐清各类产品，以不断扩大乐清产品的市场份额。

（四）适应全球经济一体化趋势，全面加强乐清工业企业现代市场营销管理。当多数企业集团公司从质量竞争走向品牌竞争的时候，许多小企业目前仍实行家族制、家长制管理，观念陈旧，难以摆脱小农经营思路，更不懂现代营销策略，这从整体上影响了乐清企业的市场竞争力。面对全球一体化、国内市场国际化、我国即将加入世贸组织的发展趋势，广大乐清企业只有投身市场、研究市场、开拓市场，才有可能得到市场的回报、成功的喜悦。为此，建议：一要更新观念，真正树立"市场第一"的观念，将市场需求作为企业生产经营的出发点和落脚点；二要深入研究营销战略，根据市场特点和市场变化及时制定和调整营销战略，并以此指导企业的整个生产经营活动；三要加大广告宣传力度，在各目标市场开展多层次、全方位的广告宣传，并通过 CI 企业形象策划来规范企业行为，不断提升产品形象、企业形象、品牌形象；四要加强市场调研和预测，建立健全营销信息系统，及时收集、处理和反馈营销信息，提高营销决策水平，形成快速灵敏的市场反应机制；五要加强销售网络建设，根据产品不同特点选择适当的销售渠道和销售方式，建立起稳定的产销关系或完善的产品销售网络；六要加强营销机构和队伍的建设，既要建立健全市场调研、产品开发、销售渠道、产品定价、广告宣传、售后服务等营销职能部门，又要加强营销网络从业人员的政治思想、职业道德、业务知识教育培训，真正把市场营销作为企业的"第一车间"；七要积极实施"立足国内，走向世界"的市场多元化营销战略，努力追求市场最大化目标，不断发展壮大自己。

（本文系作者中央党校函授学院 1995 级大专班经济管理专业毕业论文）

试论加入 WTO 与乐清经济发展的几个问题

（2000 年 11 月）

加入 WTO（世界贸易组织），将是中国参与经济全球化、加快完善市场经济的一个里程碑，也将会对我们乐清经济发展产生十分重要而又深远的影响。本文试图根据 WTO 的一般原则规定，结合乐清实际，阐述中国加入 WTO 给乐清经济发展带来的机遇与挑战，分析乐清三次产业的发展前景，探讨乐清应采取的对策与措施，以期抛砖引玉。

一、加入 WTO 给乐清经济发展带来的机遇与挑战

乐清地处浙江东南沿海，市场取向改革较早，是"温州模式"的主要发祥地之一。改革开放至今，乐清因地制宜发展民营经济，经济市场化程度逐步提高，基本完成资本原始积累，形成以劳动密集型加工业为主的产业群，从小农经济时代进入工业化社会，并向城市化、现代化、国际化迈进。按照 WTO 的非歧视原则、市场开放原则、公平贸易原则等规定，加入 WTO 尽管对乐清经济发展将带来压力，但

从总体上分析是利大于弊，机遇多于挑战，远期好于近期，并在过渡期内仍可保持经济持续快速发展的态势。其机遇在于：

（一）**有利于对外经济贸易事业的发展。**加入 WTO，中国可享受缔约国降低关税和贸易最惠国待遇，减少歧视性待遇，利用有关机制解决贸易争端，与其他成员国进行平等、互惠、互利的广泛的经贸往来，从而可以促进中国出口贸易特别是具有比较优势产业产品出口的发展。目前，乐清出口商品为低压电器、电子、服装、罐头、水产品、小家电、手工艺品、节日灯、汽摩配件、化工原料十大系列 200 多个品种，绝大部分为具有比较优势的劳动密集型产品，其中机电产品出口占 50% 以上。而这些劳动密集型产品大多数发达国家已不再生产或很少生产，市场需求在较长时期内又不会变化，因此入世后将受益匪浅。同时，入世后，跨国公司将纷纷驻足中国，很有可能出现新一轮投资中国的热潮，乐清利用外资落后的局面也就有望得到改变。

（二）**有利于加快经济结构调整。**目前，乐清以劳动密集型产业为主，即使是技术密集型产业，也处在技术与产业层次相对较低的发展阶段。从长远看，入世后，随着来自国内外竞争压力的不断加剧，必然加快乐清产业结构调整，促进产业升级，从资源密集型、劳动密集型产业向资金密集型、技术密集型产业转变，而一些竞争力弱的产业或产品将逐步退出，直至淘汰。

（三）**有利于科技进步和技术创新。**入世后，由于降低进口关税，有利于企业低成本进口国外先进技术和设备，进行技术改造。由于知识产权保护制度的实施，企业面临加快技术创新的大课题。同时，价格适中的高档、优质进口产品大量涌入，冲击国内的中、低档产品市场。因此，乐清企业必然会增强紧迫感和危机感，提高科技进步和技术创新的自觉性，增强科技开发能力，提高企业的生产技术水平，从而增强产品的市场竞争力。

（四）有利于市场经济体制的进一步完善。WTO 的多边贸易体制是建立在市场经济基础上，其所有原则、协定、协议都是以市场经济为基础，以市场导向为前提的。乐清的市场经济起步较早，民营企业较能适应充分竞争与开放的市场环境。入世后，必将促进政府职能转变，加快完善市场经济运行机制，较快度过 WTO 规则与区域经济运行的"磨合期"，从而有可能使乐清在国内继续保持市场经济的先发性优势。同时，随着金融保险业的对外开放，可以预测乐清量大面广而又有信用的中小企业的融资环境将逐步改善。

其挑战在于：

（一）企业经济规模偏小。虽然乐清块状经济发展较好，群体规模优势突出，但单个龙头、骨干企业规模不大。据统计，1999 年全市工业企业的年产值平均只有 155.2 万元，其中年产值 1 亿元以上的企业仅有 11 家。企业结构"小而全"，低水平重复造成大量浪费，既增加成本，又互相压价，削弱企业后劲，更谈不上规模效益。入世后，随着中国关税大幅度减免和非关税壁垒逐步削弱，进口高档产品与国内产品的价格差距缩小，中低档产品在市场上的销售大受影响，导致中低档产品为巩固和占领市场，有可能开展一场以价格为代价的激烈竞争。因而，没有经济规模，就没有经济效益。

（二）**优势产业不很突出**。乐清农业以粮食、渔业（浅海养殖）为主，粮食商品率较低，浅海养殖虽然总量较大，但种类较少，并受市场风险和自然风险的双重影响。工业中电器、电子、服装行业虽是我市优势行业，但优势并不很突出，表现为"一多三少"，即重复建设多，规模企业少，知名品牌少，高新技术少。第三产业中旅游业为一新增长点，但其优势并未真正发挥。

（三）**知识产权保护政策的约束作用加大**。限于客观条件，乐清企业科技进步特别是新产品开发方面，靠仿制国外产品完成的较多，从而不可避免地引发一些知识产权方面的争议。入世后，强化了与贸易有关的知识产权保护，企业如发生商标、专利侵权事件，就会影响其健康稳定发展。因此，乐清科技进步面临着新的考验，必须尽快完成从仿制为主向研制开发创新为主的战略性转变。

（四）**专业技术人才和高层次的经营管理人才更加缺乏**。据统计，目前全市已成功引进各类人才 8000 多人，相当部分已成为企业的高级管理人才和科研中坚力量。德力西集团公司已经国家人事部批准率先设立了博士后科研工作站。但是，目前乐清的人才特别是外经贸人才仍十分匮乏。入世后，全国各地都将更主动地争夺人才，更多的跨国公司来华投资也将大量需求中高级本土人才，将以更加优惠的条件吸引人才，这使乐清的人才引进工作更加困难。

二、加入 WTO 后乐清主要产业的前景分析

（一）**农业**。农业是乐清国民经济的基础，目前正由传统的产量型农业向质量效益型农业转变。1999 年全市农业增加值占 GDP 的 8.2%，农业内部产值比重为粮食（以大米为主）不到 20%，果蔬约占 15%，林木花卉约占 5%，畜牧业不到 10%，渔业占 50% 以上。入世后，从总体上看，虽然有利于水产品、食品罐头等特色产品的出口，但农产品进口增加，粮食等产品由于生产成本高，很难与国外进口的同类产品抗衡。同时，乐清以柑桔为主的水果种植业，由于粗放栽培，果品质量较差，品种结构又不合理（如柑桔类中鲜食品种少、占比低），随着国内外优质水果的涌进，本地产水果鲜销市场空间趋狭，将处于较为不利的地位。因此，入世后的农业面临一定的冲击。但由于乐清纯农业人口比例较小，粮食比重较低，随着效益农业、特色农业的发展，农业产业化、农民的非农产业化进程的加快，乐清农业发展前景还是比较乐观的。

（二）**工业**。工业是乐清国民经济的主体。乐清工业包括电气机械、电子通信、仪器仪表、服装鞋帽、食品饮料、化工塑胶、彩印包装、文化用品、手工艺品、家具制造等行业。1999 年全市工业增加值占 GDP 的 58.2%。加入 WTO，对资金密集型、技术密集型产品冲击较大，对资源密集、劳动密集型产品影响相对较小。由于乐清工业以传统产业为主，工业产品包括低压电器、电子元器件在内基本上属

于"双低"（低科技含量、低资源消耗）的劳动密集型产品，因而受冲击较少，相反可借入世之机，加大产品和产业结构调整力度，扩大出口，获得新的发展机遇。（1）低压电器。据统计，1999 年乐清市低压电器行业总产值达 100 亿元，占全国低压电器市场销售额的 1/3 以上。但是，乐清低压电器企业的生产技术、产品质量和品牌意识参差不齐。具有自主开发能力且有自主品牌的企业，特别是产品已取得欧共体等国际技术认证的企业，可利用入世的契机，扩大产品出口，把品牌打响，把企业做大；而一些以仿制为主的低压电器企业，一旦入世，将会使技术引进成本大大提高，并导致产品出口受阻，因此乐清低压电器企业优胜劣汰的步伐会加快。（2）电子元器件。乐清电子元器件主要是为国内家电企业配套，少数已出口到日本和我国香港等地。1999 年实际销售额约为 60 亿元。随着加入 WTO，国外家用电器进入中国市场，国内的一些家电企业可能会陷入暂时的困境，乐清电子元器件行业也可能大受影响。但由于电子元器件的国际国内市场空间较大，已经有十多年探索发展的乐清电子元器件企业，只要加强技术创新，开发新型元器件，加强品牌宣传，入世后仍可在产品的国际分工中获利，继续得到快速发展。（3）服装。近几年来，乐清服装行业加大了技术改造力度，发展速度很快，加工工艺技术可与国外相媲美。目前，全市有 300 多家服装企业，以产销西服为主，年销售额实际在 20 亿元以上，已有小批量出口。入世后，美国等发达国家限制出口的歧视性政策将逐步取消，为乐清服装出口创造较为稳定的外部环境，同时也会促使服装企业引进国外先进的设计、加工工艺技术，有利于乐清服装生产企业快速发展。但由于日趋激烈的国内国际市场竞争，乐清服装企业应加大上规模、创名牌、拓市场力度。（4）摩汽配件。这是乐清近几年发展起来的新兴行业，产品以中低档为主，销售对象多数为国内摩汽厂家，年实际销售额约 10 亿元。摩汽配件的国际国内市场容量大，发展空间大。入世后，只要加强合作，走向联合，细分市场，发挥价格和服务等比较优势，摩汽配件行业在若干年后大有可能成为乐清新的支柱产业。

（三）**第三产业。**第三产业是乐清国民经济新的增长点。1999 年全市第三产业增加值占 GDP 的 32.4%，而发达国家（地区）第三产业增加值占 GDP 的比重高达 70%~80%。加入 WTO，中国势必加快开放金融、保险、旅游、商品零售、电信等服务业的国内市场，这些行业将面临巨大挑战和压力，其中受冲击最大的可能是金融和电信。目前，乐清市辖的第三产业仍以传统三产为主，总的来讲，入世对乐清第三产业的影响不会很大。随着"雁荡山"旅游名品的建立，交通等基础设施的完善，旅游业将成为乐清第三产业的主要增长点。此外，由于入世对中国零售业发展产业的影响、市场营销方式的演变，20 多万在外经商建市场的乐清人，将面临历史性的选择。

三、加入 WTO 乐清应采取的对策及措施

加入 WTO，从本质上说是把中国经济融入国际经济大环境中，其核心是市场化问题。尽管乐清的市场经济起步较早，区域经济特色

鲜明，迎接入世挑战的有利因素较多，但必须戒骄戒躁，居安思危，放眼中国入世后的全局形势和经济全球化的发展态势，以提高国际竞争力为目标，坚持政府引导、企业为主，采取相应的有效对策和积极措施。

（一）树立国际竞争意识，抓紧做好迎接挑战的各项准备工作。一要抓紧广泛而深入宣传贯彻入世的重要意义及带来的机遇和挑战，使全市上下进一步解放思想，转变观念，增强忧患意识和风险意识。二要认真组织全市有关领导、职能部门和企业界人士学习国际经济知识、知识产权保护以及 WTO 规则知识，做到按章办事，趋利避害。三要确立和强化开放型发展的战略思想和战略方针，在制定"十五"发展计划时，进一步突出以国际竞争力为导向，以大开放促进发展。四要督促企业根据自己的主要产品目前在国内、国外两个市场的销售情况及入世后的走势分析，制定行之有效的措施。

（二）调整产业结构，积极培育新的经济增长点。一要充分发挥现有劳动密集型特色产业的优势，提高乐清产品在国内国际市场上的占有率，确保乐清经济在入世过渡期内稳定增长。二要加快技术改造，对传统产业进行现代化改造，做到"有所为有所不为"，集中力量形成传统产业新的优势。三要以发展"两水一加"（水产、水果与农副产品深加工）为重点，加快名、特、优、新农产品开发，发挥农业龙头企业的作用，加快农业产业化进程，提高农业比较效益。四要加快发展高新技术产业，以乐清市高新技术产业园区和区外高新技术企业为主要载体，开发有自主知识产权的高新科技产品，力争在电气机械、电子信息、生物医药和环保等产业的某些领域占有一席之地，努力构筑新的产业竞争优势。五要加快发展第三产业，充分利用乐清的区位优势，大力发展国际服务贸易，积极培育旅游业和信息服务业，特别要把旅游业作为带动整个第三产业的龙头来抓。

（三）实施名牌战略，逐步扩大乐清产品的市场份额。名牌企业（产品）可以代表一个区域总体经济实力，代表一个区域参与全国竞争、全球竞争的能力。一要制定创名牌规划，选择一批有相当基础的产品和企业作为创名牌的"种子"进行重点培育。二要加快企业组织结构调整，进一步形成和发展以名牌（或品牌）产品为龙头、大批企业参与配套的专业化生产、一条龙营销的格局。三要主动"走出去"，努力巩固、拓展国际市场，积极实施市场多元化战略，深度开发东南亚、欧美等传统市场，大力开拓中东、非洲、南美和东欧等地区的市场。四要运用现代营销方式加强与在外20多万乐清人的联合，充分利用在外乐清人构筑的全国市场营销网络，提高乐清产品在国内市场上的占有率，同时要通过在外的乐清人积极发展边境贸易。

（四）扩大经营规模，尽快实现规模经济。入世后，企业必须实现规模经济，及早过好成本关、技术关和质量关，尽快形成集团军竞争的崭新格局。一要组建大型的行业性集团公司。通过相互参股、重组、兼并等方式，组建并壮大电器、电子、服装等行业集团公司，尽快改变目前企业"小而全"、重复生产、相互压价、相互拆台的不良状况，形成"拳头"，统一对外，增强国内、国际两个市场竞争力。二要按现代企业的规范要求，组建工贸结合的集团公司。要以资产为纽带，以科技为先导，以地方名、特、优产品为依托，以企业家为核心，上挂外联，加入大集团，努力攀高新、搞联合，与国家级大集团、大公司搞合资公司，加大对有潜力、高附加值、高出口创汇、高市场占有率的产品的投资开发力度。

（五）**加快科技进步，不断增强产品的竞争力**。一要大胆引进外资、先进技术和设备，使生产工艺、技术和设备能尽早实现跳跃式变更，增强自身的技术和产品开发能力。二要把技改目标瞄准国际市场，按国际市场的需求、发展趋势以及技术标准和质量要求来搞项目，促进产品结构的升级换代。三要努力推行国际技术质量标准，以便乐清产品与国际市场接轨，提高其在国际市场上的占有率。四要通过各种方法途径加强与大专院校、科研院所的科技合作，建立健全开放式企业技术开发体系，提高科技开发水平和创新能力，推动科技进步和产品结构调整。

（六）**顺应历史潮流，努力引进跨国公司**。跨国公司是生产国际化和世界科技高度发展的产物，已成为世界经济发展和经济全球化的推动力量。目前，跨国公司的投资重心正从中心城市向下移动。根据乐清的区位条件、市场机制、产业结构、营销网络，吸引跨国公司投资是大有可能的。因此，要充分做好迎接跨国公司投资合作的各项准备工作。一要抓好招商引资的对外宣传工作，突出乐清社会化分工、专业化协作的"专业化产业区"（或称"块状经济"）优势，提高乐清的知名度和美誉度。二要抓好招商引资的载体建设，分期进行规划面积 2 万亩的市中心工业园区的基础设施和配套设施建设，使之成为现代化、花园式、国内一流的工业园区。三要抓好招商引资的组织落实工作，要明确招商引资的责任单位，制定招商引资的工作日程表，确定重点投资合作领域，力争引进跨国公司投资合作工作在近两三年内取得实质性进展。

（七）坚持"以人为本"，高度重视人才工作。在当今的国际市场和国际资源中，人才是最应引起我们关注的生产要素之一。针对乐清人才特别是外向型人才比较缺乏的实际情况，应把各种人才的培训、引进工作提高到一个战略高度来对待。一要广开才路，打破行业、所有制界限，实行聘任制，最大限度地允许人才合理流动，做到知人善任，择优选用。二要重视智力投资，花大本钱对现有政府部门经济管理干部和企业经营管理人员进行培训，多层次、多渠道、多形式地提高干部职工的业务水平。三要采取各种优惠政策，积极从境外国外引进各种人才，特别是海外留学学成回国的高级人才。

（八）转变政府职能，着力创造良好发展环境。一要逐步规范和完善市场竞争机制，创造公平有序竞争的、能使社会资源依靠市场规律实现最佳配置的经济环境。二要提高政府行政水平，增加办事透明度，提高办事效率，做到依法行政，杜绝"内部掌握""暗箱操作"及乱发证、乱收费等行为。三要积极推进国有和大集体企业的改革，争取以较低的成本搞好国有、大集体改革工作。四要大力发展各类规范的中介机构和民间组织，如会计师事务所、律师事务所、经济技术信息咨询中心及同业公会、行业协会等组织机构，赋予它们相应、明确的职责，更好地为各类市场主体服务。五要加强基础设施等社会公共事业建设，不失时机地加快城市化和现代化中等城市建设进程，不断改善招商引资硬环境，更有效地集聚生产要素发展生产力。

（本文原刊于温州市委党校《温州论坛》2000 年第 6 期，获乐清市纪念中国共产党成立 80 周年优秀理论文章一等奖）

关于乐清市国有集体企业改制的几点思考

（2001 年 4 月）

乐清市委十届八次全会和市十二届四次人代会指出，今年要以改革产权制度和劳动用工制度为重点，加快国有集体企业改革步伐。全市上下统一思想，知难而进，国有集体企业改制工作正在全面展开。笔者学习参考相关资料，试就本市国有集体企业改制工作谈几点想法，以期抛砖引玉。

一、改制的动因、目标、形式

（一）改制的动因。国有集体企业改制的动因主要有以下几点：一是市场经济使部分国有集体企业的运行机制失去了有效性，沉重的历史包袱和社会负担使国有集体企业无法与民营企业在市场中平等竞争，复杂的决策程序和多方面的制约使企业经营者无法按照市场要求组织生产经营；二是产权不清导致没有一个行为主体对国有集体企业的资产保值增值承担责任，也无法形成一套有效的对国有集体资产运行进行监督的机制；三是腐败现象在一些国有集体企业中滋生蔓延，使企业资产不断被蚕食，也有少数企业经营者以种种理由阻挡改制；四是职工思想观念陈旧，试图将自身的生老病死依赖于企业的思想根深蒂固，使国有集体企业无法根据生产经营需要实行合理用工，导致企业要活活不好、想死死不了。

（二）改制的目标。对企业改制目标的确定，本市有过阶段性的尝试，最早主要实行以承包、租赁为主的经营机制转换，后来学习山东诸城经验，对国有集体企业进行了股份合作制试点。近一两年来，本市一些国有集体企业实行了以承债式净资产出售、总资产拍卖为主的产权制度改革。目前，本市学习外地实践经验，提出对国有集体小企业的改制实行"双置换"，即：实行国有集体企业产权置换——将产权向私人转换，使企业资产人格化；实行国有集体企业职工身份置换——职工与原企业彻底脱离关系，由新产权主体与职工进行双向选择，形成新型的劳动关系。至此，实行企业产权和职工身份的"双置换"，就成为本市国有集体企业改制的有效手段和最新目标。

（四）改制的基本形式。根据"有所为有所不为""国有集体资本从竞争性领域退出"的原则，按照企业改制"双置换"的目标要求，本市应采取多种形式实施企业改制。一是对零资产或负资产的国有集体企业实行零资产转让，由自然人股东出资组建民营有限责任公司；二是对有净资产的国有集体企业通过配、奖、售相结合的办法完成国有集体资产退出，实现民营化；三是采取整体拍卖出售的形式实行民营化；四是对严重资不抵债和倒闭的国有集体企业依法实施破产和解散，将财产出售给自然人后实现民营化。

二、改制需要把握的几个问题

（一）**要严格按法律政策处理改制中的问题**。在改制中，资产的评估、债权债务的确认应严格依法进行，对改制后企业组织制度的建立应严格按《公司法》的规定进行操作，对职工劳动关系的处理应在严格执行《劳动法》的前提下给予适当的宽松。

（二）**要按照"三个有利于"标准，妥善处置净资产**。对国有集体企业净资产处理的问题，要坚持"但求所在、不求所有"的原则，注意研究净资产的质量和实际价值，采取配、售、奖相结合的处置方法，配给职工和奖给经营者。可用如下具体处置办法：首先在净资产中提取职工安置费用和离退休职工准备金，余额部分根据市企业改制领导小组集体研究的意见，一部分奖励给主要经营管理者，另一部分由主要经营者买断。

（三）**要尊重大多数职工的愿望**。国有集体企业改制，涉及职工的切身利益，改制方案如果不经过广泛的民主协商，不尊重大多数职工的愿望，就会阻力重重，最终导致流产。因此，我们在企业改制中，一要以宣传教育为手段转变职工的思想观念；二要在是否入股的问题上尊重职工的选择；三要在精简员工的问题上由职工主动申请；四要整个改制方案（包括破产方案）必须经职代会讨论通过（已改造为股份合作制企业的二次改制方案须经股东大会讨论通过）。

（四）**要制定科学、严密、可操作的改制方案**。改制方案的系统、严密、科学、合理与否，是企业改制能否成功的关键所在。制定改制方案应采取几上几下的方法：首先，确定某一企业改制的基本思路；第二，委托中介机构进行资产评估；第三，由市企业改制办、企业主管部门、企业三方对照政策共同协商改制方案，提出净资产的处理办法，原资产、债务的处理办法，职工入股的办法，职工劳动关系处理的办法，在此基础上由企业拟定改制方案初稿；第四，对拟定的初稿经市企业改制办审核修改后交企业职工代表大会讨论通过；第五，改制方案报市企业改制办批准并实施。

三、改制需要宽松环境

本市国有集体企业，无论工业企业、粮食企业，还是一般商业流通企业，改制滞后状况客观存在。如市经委系统国有工业企业改制面仅为22.7%，二轻大集体工业企业改制面约为30%。根据调查情况分析，目前未改制企业存在的困难和问题有共性的，也有个性的，具体情况差别很大。有的企业资产质量很差，甚至没有资产，破产变卖后，不足以安置职工，更谈不上清偿社保费用和提缴已退休人员、提前退休人员社保费用；有的企业在实施改制和破产时，因建设规划方面的原因，房地产难以转让；有的企业资产质量很好，还带有一定的政策性利益。针对这些情况，只能在用足《乐清企业改革政策处理的若干规定》的基础上，对一些困难和问题采取个案处理的办法予以解决。总的原则应是先改制先给优惠政策，一事一议，一企一策。因此，财政、社保、城建、规划、土管、房管等部门在特殊企业的改制中要服从大局，实事求是，多开绿灯。

四、改制需要加强领导

我们要以邓小平理论和"三个代表"重要思想为指导，坚持"三个有利于"标准，进一步解放思想，加大对企业改制工作计划、组织、指导、协调、督查的力度。市企业改制领导小组要及时研究企业改制中出现的困难和问题，高效率地作出决策。任务较重的企业主管部门领导要腾出更多的精力抓改制，领导班子成员要分工抓好落实。有关职能部门要进一步加强配合，把搞好企业改制工作当作自己分内的工作。尤其是要通过资产变现、土地出让金返还、财政支持、部门筹资等多个渠道，多方筹措改制所需的经济补偿金，妥善安置职工，确保国有集体企业改制工作顺利进行。

（本文原刊于乐清市人民政府办公室《乐清政务信息》2001 年第 11 期）

试论温州民营经济发展动因与特点

（2001 年 11 月）

改革开放以来，温州率先实行市场取向改革，大力发展民营经济，被誉为"温州模式"。据统计，1979 年至 2000 年温州国内生产总值年均递增 15% 以上，2000 年温州市民营经济在全市国内生产总值中占 85% 左右，在工商业中占 95% 左右，税收占全市税收收入的 70% 左右。一般认为，温州民营经济包括个体工商户、私营企业、股份合作企业和以自然人投资为主的有限责任公司、股份有限公司。纵观温州民营经济的发展，从所有制歧视到国民经济的补充，从积极引导管理到重要组成部分，并以中共十五大为标志，温州民营经济已经进入前所未有的越来越广阔的天地。因此，研究并借鉴温州民营经济发展之路，对推动全国各地民营经济发展有着重要意义。本文放眼温州实践，参考文献资料，探讨温州民营经济发展的动因与特点，以期抛砖引玉。

一、温州民营经济发展的动因

（一）特定的环境条件。正所谓一方水土养一方人，特定的历史传统加上特定的地理环境，形成温州人特定的人文环境，从而成为温州民营经济发展的内生条件。

1. 重商的文化传统。温州故称瓯，公元138年建县，公元323年建郡。自唐宋以来，温州一直是浙南沿海的工商业名城。早在南宋时期，温州就出现了以叶适为代表的"永嘉学派"，提倡"农商并举、义利并重"的观点，主张"以利和义"，讲究功利实用，与"重农轻商、重义轻利"的儒学主流观点直接相悖，不但在当时影响很大，而且长远影响温州人的思想和行动，奠定了温州人重实际、讲实利、求实效的思想文化基础。历代相传的商业传统，又使温州人具有善于经营工商业的独特优势。因此，当改革开放大潮涌起时，温州所拥有的人力资源充分发挥出潜在的优势，出现数以百万计的家庭企业和购销大军，不断捕捉商机，迅速进行资本原始积累，加快了以农村工业化进程为特征的区域经济发展。

2. 濒海的区位条件。温州位于浙江省东南部，东濒东海，地处祖国东南边陲，与台湾海峡相距180海里。一是濒海的地理环境为现代温州人打上了海洋文明的烙印。温州先民自古以来就不断迁徙，频繁流动，多以航海或讨海为生。在漫长的历史发展过程中，这种濒海而居和航海谋生的移民传统，便日渐孕育了敢冒风险、敢为人先、吃苦耐劳和善于应变的精神特征。"睡着地板，想当老板"，正是温州创业者一种真实的心理写照。二是由于温州地处对台海防前线，新中国成立后国家对温州投资很少。改革开放前的30年中，国家对温州的投资总额只有5.95亿元，仅为全国平均水平的七分之一。20世纪的温州真可谓"50 年代是对台前线，60 年代是'文革'火线，70 年代是建设短线"。因此，温州少有国有大中型企业，受到的传统体制束缚当然也较少，反而为民营企业的成长提供了空间。三是温州地区远离大中型工业城市和全国性市场中心，改革开放之前交通环境恶劣，运输成本和信息成本较高，发展现代工业客观上存在着巨大的障碍。这就与温州改革开放以来以家庭工业和专业市场的方式发展非农产业，并逐步形成一种"小商品、大市场"的格局有了必然的联系。

3. 贫乏的资源禀赋。温州地少人多，素有"七山一水二分田"之称，更没有可供开采的富矿资源。1978 年，温州全市人口 561.26 万人，农村劳动力 157.25 万人，耕地总面积只有 298.02 万亩，人均耕地 0.53 亩，每个农村劳动力平均占有耕地仅为 1.90 亩，都只及同期全国平均值的 1/3 左右。在改革前温州农村存在大量隐性失业人员，大约有 110 万农村劳动力过剩。在当时计划体制条件下，温州农民迫于生计，较早萌发了发展非农产业的动机，并已有许多青年农民冲破体制束缚外出谋生创业。农村改革后，农民获得生产经营自主权，农业比较收益过低而产生的经济利益牵引和劳动力挤出效应，就成为民营经济较早产生和快速发展的缘由之一。

（二）合理的制度安排。改革开放以来，温州经济发展呈现体制变革与经济增长相辅相成的互动关系。在市场取向改革条件下，选择诱致型制度变迁安排，激活被旧体制束缚的经济活力，是温州民营经济发展的重要原因。

1. 自主的增长模式。改革之初，温州人民发扬"自主改革、自担风险、自强不息、自我发展"的精神，以民间自主性创新为主要动力，采取渐进式的增量改革方式，即在旧体制的相对真空中运用市场经济的运作方式，积极兴办专业市场，大力发展家庭工业，形成"体制外"自主增长的格局。通过从总体上做大"蛋糕"、增量引进、非激进性等几个方面保证了改革的"帕累托改进"，创造了由计划经济向市场经济过渡必不可少的制度环境。与在社会主义计划经济体制内直接面对既得利益集团的改革方式相比，它在很大程度上回避了传统计划体制的惯性及其利益结构的刚性，降低了实施成本和摩擦成本，从而构筑了一种比全国其他区域产权效率更高的"体制落差"优势，促进温州民营经济的顺利发展。

2. 明晰的产权关系。一般来说，民营经济产权明晰、自主经营、自负盈亏、自担风险，真正按照市场法则参与市场竞争，是天然的市场经济。从微观上看，温州民营经济的活力源自明晰的产权关系和由此派生的强大利益动力机制。温州当时家庭工业的迅猛崛起，最本质的原因是产权明晰使温州人的创业热情空前高涨。正是这种创业热情，使温州人不顾政治风险、经济风险及生产经营中的一切艰难，真可谓"走了千山万水，讲了千言万语，用了千方百计，吃了千辛万苦，赚了千金万银"。如闻名中外的温州两家民营企业正泰集团公司、德力西集团公司的两位老板，一位是补皮鞋出身的，一位是做裁缝出身的。1984年他们合作创办求精开关厂，而10多年后的今天，他们已各自成为拥有10多亿元资产的公司老板了，并且著书立说、上高等学府演讲。这印证了中国一句老话"有恒产才有恒心"。明晰的产权，带给民营企业老板的是持久、强烈的激励，促使个人追求经济利益的动机得以巩固、提升，从而有力地促进民营经济的发展。

3. 先发的专业市场。在改革开放初期，温州各地专业市场蓬勃兴起并快速发展，较快地形成了覆盖面较广的各类商品市场和生产要素市场，使市场成为区域经济发展中资源配置的主要方式。至1984年年底，温州城乡市场发展到393个，其中专业市场135个，出现了名扬全国的苍南宜山再生腈纶市场、金乡标牌徽章市场、永嘉桥头纽扣市场、乐清柳市低压电器市场等十大专业市场。随着温州民营经济的蓬勃发展，商品市场又在温州各地竞相发展，专业化程度也越来越高。统计表明，至1998年全市专业市场达248个，其中农副产品市场75个、工业消费品市场49个、工业生产资料市场124个。专业市场的迅速发展，既为买卖双方提供了大量农产品及工业原料，又为城乡发展提供了大量的工业品，也为众多民营企业提供了可供共享的销售网络。这些专业市场不仅有力地促进了当地农业、工业的发展，并且带动了第三产业的发展，加速了小城镇的兴起与发展，成为经济稳定发展的重要保证。真可谓"办一个市场，带一批企业，活一片经济，富一方百姓，兴一座城镇"。

（三）**开明的政府行为**。经济体制变革与经济增长，如著名发展经济学家阿瑟·刘易斯所言，"不仅是个人活动的结果，而且也是政府行动的结果"。温州民营经济的发展，正是广大人民群众参与市场经济实践活动和政府在尊重群众改革创新实践的前提下积极施加影响的共同结果。

1. 引导扶持，促进发展。改革开放以来，温州各级政府坚持有所作为的原则，从实际出发，有效地运用各种政策措施，不断引导和扶持民营经济发展。一是适时制订出台了一系列政策。如20世纪80年代中后期，在家庭工业受到所有制歧视的背景下，温州市委、市政府充分尊重群众的首创精神，确认"挂户经营"的合法性，默许农村民间融资市场的发展，并给股份合作企业戴上集体企业的"红帽子"，使股份合作这种新的企业制度模式得以在当时的环境下生存发展。二是抓工业园区建设。早在1987年，在姓"资"姓"社"问题还争论不休的情况下，温州各地就大胆确立非国有投资在投资计划中的地位，出台政策引导民营企业向工业园区集聚；邓小平同志南方谈话之后，温州各地抓住机遇，工业园区建设形成了高潮。全市现有280多个工业园区，工业园区工业产值总和占全市工业总产值的80%以上。

2. 改革创新，规范发展。根据企业发展的内在要求，温州市不断规范、完善企业组织形式，积极引导企业以建立现代企业制度为目标，向股份化、集团化方向发展。一是实施股份制改造。自1993年开始，温州市从审核资产、清理财务、建立章程、完善股东协议等方面入手，帮助指导企业向规范化的有限责任公司、股份有限公司方向发展，使企业更加适应市场经济发展需要。二是组建企业集团。1995年至1996年温州低压电器行业先掀"集团热"，促进企业走"小企业，大联合"之路，变企业单体为群体，组建"航空母舰"，以群体的优势提高市场竞争力。三是推行现代企业制度试点工作。从 1997 年起，温州选择了正泰、德力西等一批集团公司作为建立现代企业制度的试点企业，分别从优化产权结构设置，完善企业法人治理结构，规范母子公司体系，强化企业管理等方面着力加以规范。

3. 管理服务，推动发展。一是实施"质量立市，名牌兴业"战略。温州市委、市政府自 20 世纪 90 年代初期开始，在不断加大打假治劣工作力度，严肃查处各种假冒伪劣的违法行为的同时，积极推动科技进步和技术创新，鼓励企业实行全面质量管理，大力推行质量体系认证，采用国际标准和国外先进标准组织生产，提高产品质量和管理水平。到 2000 年底，全市有 500 多家企业通过 ISO9000 质量体系认证，正泰、德力西等 4 个商标被认定为中国驰名商标。二是维护市场经济秩序。根据《反不正当竞争法》等法律法规的规定，市政府出台了一系列政策措施，并发挥行业协会等中介组织的作用，促进了民营经济健康发展。三是优化服务。温州市着力优化民营经济发展环境，开展为重点骨干企业服务活动，促进骨干企业提层次、上规模、成气候，尽快成为产业排头兵。如乐清市从 1997 年开始每年均开展一次为工业企业服务月活动，切实帮助民营企业解决发展过程中遇到的困难问题，连续 3 年召开 3 次较大规模的科技兴市恳谈会，2001 年又与浙江大学联合举办科技经济合作洽谈会，做到"政府搭台，企业唱戏"，有力地推动了民营企业的科技进步。

二、温州民营经济发展的特点

（一）**特色鲜明的群体规模经济**。群体规模经济，即"区域性规模经济"，也称"块状经济"，在国外叫"专业化产业区"。温州群体规模经济以专业市场为依托，形成了专业化分工和协作相结合的、以民营企业为主体的专业生产加工群体，是地域相对集中和产业有地方特色的区域性市场经济。它最显著的优势是可以充分利用区域在资源、产业以及其他与产业相关的各种比较优势，通过集聚，使中小企业获得外部规模经济优势，克服内部规模经济不足，既增强了企业的创新能力和竞争力，又为区域发展提供了内生的增长机制。

改革开放初期，温州就出现了著名的十大专业市场和10万购销大军。在市场这只"看不见的手"的作用下，温州各地通过户帮户、村帮村，逐步形成"一村一品""一乡一业"的具有地方特色的专业化加工群体，成为当时农村商品经济发展的一大景观。经过多年的发展，温州已形成了较完整的市场体系，各类商品市场繁荣活跃，信息、技术、资金、人才等要素市场配套齐全，这些"专业市场＋生产加工基地"已发展成为区域性规模经济。据初步统计，全市11个县（市、区）143个建制镇中，特色产业（产品）产值超过10亿元的就达30多个，经济总量占全市的70%以上。乐清市柳市镇成为全国最大的低压电器产销基地，永嘉县桥头镇号称"远东第一纽扣市场"，瑞安市塘下镇是全国四大汽摩配产销基地之一，平阳县萧江镇被誉为中国塑编城，乐清市虹桥镇是全国最大的电子元器件产销基地。此外，苍南龙港印刷、瓯海永中阀门、龙湾蒲州制笔、乐清芙蓉建工钻头，以及市区的服装、打火机、灯具、鞋革等产品都形成了相当规模的生产销售基地，使得温州民营企业不仅具有"小"的活力，而且同时形成"大"的实力，其产品具有很强的市场适应性和较强的竞争力。以国内市场占有率为例，皮革占20%，西服占10%，低压电器占35%，电子元器件占20%，建工钻头占60%，阀门占30%，防风打火机占90%，民用灯具占30%，眼镜占80%，商标徽章占40%。

围绕各种主导产业和产品，温州形成了高度社会化分工和专业化协作的产品群、产业群和行业群。柳市低压电器行业聚集了正泰集团、德力西集团和天正集团等明星企业，他们的周围拥有数百家协作企业，形成规格齐全、技术规范的几千种低压电器产品，现正在向高压电器、智能化电器发展。作为全国三大皮革生产及皮革制成品中心之一，温州现有制鞋企业3000多家，2000年的产值超300亿元，全国10家"中国鞋王"温州就占了3家，全国150家真皮标志企业温州占半数以上。而为制鞋业配套服务的鞋料、制鞋机械等相关行业年产值在150亿元以上。温州服装业近年来在全国名声渐响，除了已崭露头角的报喜鸟、夏梦、庄吉、昂斯等企业外，还有一大批如法派、华士、金万利、美特斯·邦威、骊谷等颇具实力的企业在支撑着温州服装业。温州的打火机行业从技术上说没有很大的优势，叫得响的名牌产品也不多，而依靠市场化机制运作和社会化分工协作，效率高、产品新、成本低，市场竞争力非常强，在国内国际市场上独占鳌头。

（二）高度发达的市场营销网络。美国著名管理学家彼得·杜拉克认为：从最终结果的角度或顾客的角度看，市场营销是企业的全部任务或职责。温州民营经济"两头在外""大进大出"，市场营销在温州民营企业生产经营活动中占据极其重要的地位。随着现代营销观念的逐步形成，温州民营企业不断创新市场营销实践，形成高度发达的市场营销网络。

改革开放初期，温州"以商带工"，10万购销大军架通了温州产品与各地市场间的桥梁；到如今，温州有百万购销大军在外营销温州产品。据统计，温州在国内外经商的有160万人，广布全国各地和世界60多个国家和地区，几乎占了全市人口的1/5。他们在外创建温州人市场、商场，开辟温州城、温州街，推销温州产品，把温州民营经济从初期的"前店后厂"发展成"生产基地＋销售网络"，在海内外建立40多万个销售网点和窗口。温州民营企业正是利用这个特殊的、低成本的营销网络，把温州产品稳稳地扎根于全国各地，并延伸到世界各地。温州民营企业利用在外温州人形成了传统销售方式和现代营销方式并存的市场营销网络。一是实行代理销售。如柳市低压电器行业，1995年至1996年掀起了"集团热"，各集团筛选利用遍布全国各地的温州籍低压电器经销商，作为各地的代理商，在当地注册成立低压电器销售公司，确立集团公司与销售公司的契约关系，从而很快形成全国性的市场营销网络。据统计，32家低压电器集团已在全国各地共设立6000多家销售公司或销售中心。二是采取连锁专卖。温州知名的服装、鞋业公司一般采用连锁专卖的形式。如奥康、康奈鞋业公司的专卖店都在 1000 家以上，美特斯·邦威服装公司则以规范的特许连锁经营方式在全国设立了 500 多个门市部。三是在国内建立专业市场。温州外出能人在全国各地创办了 174 个专业市场，为百万在外经商的温州人提供经营场所，营销温州产品。据估计，2000 年在外温州经营者的市场营业额约 1400 亿元，其中温州产品约 900 亿元。四是在国外建立专业市场。温州民营企业积极实施"走出去"战略，自 1998 年 7 月至 2000 年底已参与建立了巴西中华商城、俄罗斯中国（温州）商城、阿联酋中国商品批发市场 3 个专业市场，目前正在筹办 10 多个国家和地区的海外商城。此外，正泰、德力西等企业还在国外设立营销机构，将低压电器等产品销往 30 多个国家和地区。五是开展电子商务。温州民营企业市场营销已由单一有形市场转变为有形市场和无形市场并举，通过各种形式的互联网开展电子商务已经初露端倪，乐清市已有 300 多家企业通过互联网开展贸易。

（三）与时俱进的企业组织制度。改革开放之初，温州从家庭工业起步，大力发展民营经济。1982 年温州的家庭工业初具规模，当时的工业总产值即占到全市农村工业总产值的 60%~70% 以上。至 1985 年，全市工商登记的个体工商户即达 130437 户，从业人员达到 30 万人以上。自 20 世纪 80 年代中期至 90 年代前期，温州民营企业的制度创新经历了以股份合作制为典型形式的过渡阶段。在温州市政府的政策引导下，将投资者在 2 人以上的企业统统归入股份合作的名下，顶住了姓"资"姓"社"的意识形态压力，温州股份合作企业从 1986 年的 10413 家发展到 1993 年的近 4 万家，使得民营经济在以股份合作为主的制度条件下不断发展。邓小平同志南方谈话和十四大召开之后，随着公司制条例和《公司法》的先后贯彻实施，温州民营企业的组织形式逐步向公司制转变，至2000年底，温州全市公司制企业已发展到20864家。

在温州民营企业组织制度的变迁过程中，尤其值得说明的是，家族制的管理形式发挥着巨大作用。据分析，创业初期家族制管理的优越性，一是便于企业内部集资解决企业发展资金不足的问题；二是降低企业内部的管理交易成本；三是集中决策比较灵活，企业行动的保密性较强等。所以，目前在温州2万余家股份合作制和2万余家公司制的民营企业中，大多保留家族色彩或家庭色彩。但是，随着企业规模的不断扩大和资本的不断扩张，有不少企业已意识到家族式管理带来的封闭性、排他性、不规范性等负面影响。

近年来温州规模型民营企业纷纷从家族制企业向现代公司转变，表现为"两大趋势、三大变革"。"两大趋势"，一是股份化趋势，即大量的股份合作企业按照公司法要求，明晰产权，完善法人治理结构，组建有限责任公司和股份有限公司，真正走向现代企业制度，如正泰股份、德力西股份即将上市；二是集团化的趋势，到2000年年底全市已有企业集团186家，涌现出正泰集团、德力西集团、天正集团等一批年销售额达数十亿元的无区域性全国大型企业集团。"三大变革"，一是产权制度变革，企业产权由一元化、封闭型向多元化、开放型变革，产权的大门不仅向有钱的人开放，而且向有知识、有技术、有管理决策能力的人开放，如在民营企业中出现了"打工"的百万富翁；二是董事会制度变革，主要趋势是由合二为一的董事会、经理班子改变为董事和经理相对分离，外部专家董事与内部执行董事互补结合；三是企业家制度变革，许多企业向社会重金聘请总经理，实行企业家职业化、市场化变革，形成了新的管理决策机制。正因为温州民营企业与时俱进，不断进行制度创新，才有可能使温州民营经济保持健康的肌体和旺盛的活力。

（本文系作者中央党校函授学院 1998 级本科班党政管理专业毕业论文，原刊于浙江省社会科学院《浙江学刊》2002 年第 3 期，并入编人民日报出版社《温州探秘》一书）

关于利用温州民资的几点建议

（2003 年 7 月）

一、《世上温州人》一书可读性强

从《温州老板》到《温州商人》，从《走进温州》到《走出温州》，从《温州悬念》到《温州座标》，从《温州之谜》到《温州探秘》，从《巴黎的温州人》到《世上温州人》，据我所知，已经出版的记录温州、讲述温州、解读温州、报告温州的书有 20 多种、数十本，这些书各具特色，各有千秋，反映了不同身份的作者以不同视角、不同时空、不同思维对温州、对温州人的认知与评判。《世上温州人》既有全景式的温州人文概述，又有特写式的各类人物纪实；既有与温州党政领导层的亲密接触，又有对温州民营企业家的深度剖析；既有区域内温州人的创业画卷，又有异国他乡温州人的动人故事。因此，在我看来，《世上温州人》一书相比同类介绍温州的书更具可读性。

二、《世上温州人》一书立意深远

温州市委书记李强说："温州人是温州最宝贵的资源，也是温州最大的特有的优势。"此话很有道理。为什么呢？我是这样理解的，改革开放以来，温州在"零经济资源"的背景和条件下，大力发展民营经济，走出了一条独具区域特色的发展路子。这首先归功于党和国家的英明政策，也归功于温州人民的伟大实践——这印证了"温州人是温州最宝贵的资源"。那么，"温州人"这一温州最宝贵的资源的内涵和核心是什么呢？我认为就是"温州人精神"——"自主改革，自担风险，自强不息，自我发展"的精神，或者说是"敢冒风险、敢为人先、吃苦耐劳、善于经商"的精神。而《世上温州人》一书恰恰是对温州发展的纪实，是对温州人精神的挖掘，是对温州人精神的赞扬。因此，我认为《世上温州人》一书立意深远，定位准确，将经得起时间的考验和历史的检验。

三、《世上温州人》一书潜力巨大

既然《世上温州人》一书凝聚着"温州人精神"，也就是说《世上温州人》一书是"温州人精神"的载体，那么《世上温州人》一书潜力巨大。我是这样理解的，在十六大精神指引下，全国各地把发展民营经济作为全面建设小康社会、加速实现现代化的重要抓手，来温州考察学习的人络绎不绝，同时来温州招商引资的人也接踵而至。我们温州各级领导的美好愿望是，全国各地来温州的人最好学会"温州人精神"，而不要带走温州的企业、温州的税源。但事实恰恰相反，"温州人精神"难学，温州企业容易带走。因此，我认为，通过有关方面的精心运作，《世上温州人》一书在向国人传播"温州人精神"、传播社会主义市场经济意识方面，一定会大有作为。

四、关于利用温州民资的建议

这次会前，我就想把我最近思考的温州民资流向何处的不成熟建议向袁先生和在座各位汇报，衷心希望袁先生为温州利用好充裕的民间游资多作指导，同时如有可能的话，请把我的建议转报温州市决策层，真正把充分利用温州民资成为"温州人经济转化为温州经济"的题中之议。在此，我想为充分利用温州民资提三点建议：第一，制定切实可行的政策措施，加大国有企业（包括国有工业、商业、部分公用基础设施单位）产权置换力度，让温州民资参股或控股，或让部分国有资产完全退出。此举可谓一举三得，一可让温州民资在温州发挥作用，二可使国有资产增值变现转入他用，三可提高原有资产的营运效率。应该说"资产在流动中增值"是一条真理。各地都在不失时机地抓紧国有企业非国有化步伐，我们温州有条件让民资、国资在流动中"双赢"。第二，放宽放低民资投资门槛，让民资在温州有较大的盈利预期和增值空间。要分期分批推出相应的项目，放手让民资进入公共基础设施项目、旧城改造项目及其他三产项目，真正做到但求所在，但求所用，不求所有。第三，力争组建政府主导、民资入股的温州市重大项目投融资股份有限公司，加大对民资的投融资力度。以政府主导，可以树立投融资公司的信誉和威望；让民资入股，可以提高投融资公司的生机和活力。只有这样，才能构筑利用温州民资的大平台，可以集中民资办大事，可以使民资在温州有流动的空间，让温州民资实实在在为温州"一港三城"建设服务。

（本文系在祝贺袁亚平先生《世上温州人》出版发行乐清座谈会上的发言稿）

从上海吸引外来投资成功做法
看乐清招商引资工作

（2004 年 3 月）

一、上海成功吸引外来投资的原因分析

自 20 世纪 90 年代后期以来，上海在进一步接轨国际的同时，不断加大对内开放和发展区县经济的力度，国内招商成效显著。据介绍，近几年上海每年从外省市引进民间资本高达 100 多亿元，外地在沪投资的民营企业每年拉动上海经济增长约 1 个百分点。据不完全统计，目前在沪投资的乐清民营企业近 1200 家，成为全国县级市在沪投资之最。据本人近几年来随乐清市领导赴沪考察学习，通过与上海有关区镇领导深入座谈，并对乐清在沪企业的实地调研，本人认为上海成功吸引外来投资的原因有以下几个方面：

（一）**区域比较优势**。上海是长江三角洲发展的龙头，在国内具有经济中心、金融中心、开放前沿的地位；上海基础设施完备，各种生产要素聚集；上海区域品牌优势突出，市场化、国际化程度很高；

上海各类开发区众多，企业发展空间又大。基于以上得天独厚的区域整体优势，上海是跨国公司进驻中国的首选之地，上海对周边地区的企业具有很大吸引力。许多民营企业到上海的目的就是为了利用上海的优势拓展发展空间，寻求与国际先进同行企业的合作，发展高新技术产品，以进一步提高企业和产品档次。与此同时，上海国有企业正在加快改革，蕴藏财富源泉的存量国有资产盘活任务量大面广，这又给民营企业寻找新的投资领域，实行资本经营，提供了一次历史性的良好机遇。

（二）投资政策优势。自1998年以来，上海市政府先后两次出台了进一步服务全国扩大对内开放的若干政策意见，对内招商引资的政策力度不断加大。一是财政税收政策优惠。上海实行所得税"二免三减半"，增值税25%留地方部分，根据企业的不同情况，以奖励形式50%~80%返还给企业。税费优惠幅度也较大，城建税、教育附加费、水利基金、义务兵役费等，都比浙江低。二是供地政策灵活多样。上海进行了征地制度改革，各区县、乡镇对外来企业供地最常用的三种形式：（1）集体土地出租（临时用地）。企业首付一般在2~2.5万元/亩，每年再付给村里土地租金2000~5000元/亩，所有权归集体，不能上市交易。（2）国有土地批租（协议出让）。按国家政策规定，合理安排农民农转非，缴纳"四金"，价格在8~16万元左右/亩，可上市交易或抵押银行。（3）工业开发区土地征用（有偿划拨）。将集体土地性质转为国有，实行"七通一平"，价格在10~20万元左右/亩，可分期付款，办理补交土地出让金等手续后可上市交易。三是招商考核和奖励政策配套。上海各区县将招商引资列入领导班子的目标责任制，有的区县实行招商引资"一票否决制"，年终考核并兑现奖励措施。各区县级纷纷出台奖励政策，引进企业可按其财政收入的5%~10%奖励；引进资金可按实到资金的5%~10%奖励；引进项目可按项目年收益（利润）的5%~10%奖励；引进先进技术可按研制、设计、开发的实际成果进行定额奖励。

（三）行政服务优势。自1998年以来，上海加快政府自身改革，构筑优越的行政服务环境，把服务全国、吸引内资、联动发展、共同繁荣作为重要战略目标。一是改革行政管理体制和财政体制。将一部分县升格为区，实行"二级财政，三级管理"，调整了对市区县及乡镇的事权和财权，扩大了区县及乡镇（街道）政府的实际权限。二是转变政府职能，提高办事效率。"谁砸政府的牌子，政府就砸谁的饭碗"，这是上海市政府改善投资服务环境的真实态度。在外来投资者看来，上海各级政府机关服务意识强、工作规范化、办事效率高。上海各区县把招商引资作为"一号工程"，党政主要领导频频外出招商，通过敲门招商、驻点招商，设法吸引浙江知名民营企业进沪投资。上海各区县对引资项目实行"一门式"审批服务，投资者从申请到领取工商执照一般只需一周时间。对投资上千万元的较大项目，成立专门的服务小组开展工作。对投资在5000万元以上的项目，由区县领导挂帅，组成专门班子负责落实。一些区县还对大中型企业核发"绿色通道卡"，提供特殊服务。三是政策把握灵活。上海尽管在招商引资中政策力度大，但与国家宏观政策直接抵触的不多，自己本地利益上真正"出血"的也不多，体现了政策上的灵活性，如土地以集体名义出租的办法，税收现征现返的办法（现已改为财政奖励）。并根据企业投资规模、产业结构、投资先后、用地选址、产出时间，实施不同政策力度的办法，还重视改善外来投资者生活和政治待遇条件，营造了"亲商、安商、富商"的氛围。

二、加强乐清招商引资工作的对策措施

乐清市委市政府提出要全面实施经济国际化战略，把发展开放型经济作为改革发展和现代化建设的主要抓手，把招商引资、招商选资作为发展开放型经济的重中之重，倾全社会之力，力争取得大的突破。当前，我们正面临新的形势、新的机遇、新的任务，针对本市在招商引资工作中存在思想认识不足、政策环境不松、项目包装不精、工作措施不力、实际效果不佳等问题，借鉴学习上海吸引外来投资的成功经验，本人认为应该从以下几方面着手加强招商引资工作。

（一）认清形势，统一思想。在经济全球化进程不断加快的大背景下，我国已经加入了世界贸易组织，世界制造业企业纷纷转移到中国，国际游资也看好中国投资，以上海为龙头、以江浙为两翼的长江三角洲经济已经崛起，本市开放型经济正面临着的难得的发展机遇。同时，我们也清醒地看到，由于受到"乐清民间资本比较充实，土地资源比较稀缺"等观念的片面影响，招商引资工作一直是本市开放型经济工作的"短腿"，外资引进少，民资外流又日益增多，产业层次

和产品档次难以提升，经济运行质量和经济外向度难以提高，成为乐清现代化建设的一大挑战。这与周边地区纷纷加强招商引资工作，开放型经济跳跃式发展形成了强烈的反差。因此，我们必须认清形势，统一思想，切实做到四个"确立"：一要确立"开放型经济是龙头经济，招商引资是发展开放型经济重中之重"的思想。我们要从乐清经济现代化、国际化的战略高度来认识招商引资工作的重要意义，唤醒全社会对招商引资重要性的认识，切实把招商引资作为"一把手工程"来抓，形成各级主要领导亲自抓、分管领导具体抓、班子成员共同抓的招商引资新格局。二要确立"以软环境补硬环境"的思想。在各地招商引资激烈竞争的形势下，乐清的硬环境不及周边大中城市，我们只能"以软补硬"，花大力气改善投资发展软环境，冲破一切妨碍发展的思想观念，改变一切束缚发展的做法规定，革除一切影响发展的体制弊端，力求形成满意的服务环境、优越的政策环境、良好的法制环境、和谐的人文环境。三要确立"只求所在，不求所有"的思想。外商到乐清投资固然是为了赚钱，但客观上促进了乐清的发展，我们要积极促成"靓女先嫁，早生贵子"，特别是对外商投资的有利于产业结构调整的高新技术产品、有利于提高城市品位的基础设施和第三产业项目，我们更应创造条件使外商有钱可赚、有利可图，依法保护他们的合法权益。四要确立"乐清之外都是外"的思想。从实际出发，把乐清域外的投资客商视同"外商"，做到国内招商与国外招商并重，重视做好对世界 500 强企业的招商引资工作，重视做好对在外乐清人的招商引资工作，重视做好对国内大企业的招商引资工作，力争招商引资工作取得大的突破。

（二）加强领导，完善机制。一要加强组织领导。市委市政府要建立招商引资工作领导小组，把招商引资工作摆到重要议事日程上来，建立招商引资工作联席会议制度、重大项目市级领导联系制度、主要领导和外来投资者对话制度、重大项目协调制度、投资环境责任制度，研究招商对策，强化工作措施。二要健全机构网络。本市已在温州率先建立招商局，与市政府经济技术合作办公室合署办公。同时，各乡镇各部门要有专职人员负责招商引资工作，做到"有人招商、有钱招商"，形成上下协调的招商网络。三要制定政策措施。市政府要研究制定完善鼓励外商投资、进一步改善投资软环境、对外商投资项目引荐者实行奖励、党政主要领导招商引资目标责任制考核办法等政策措施，切实加大招商引资的政策力度。四要构筑环境"高地"。要在加强基础设施等硬件建设的同时，倾力搞好投资软环境建设，要简化招商引资项目审批程序，确定部门牵头协调、限时审批的工作机制，实行投资咨询、项目谈判、项目审批等环节的全程代理服务，并实行一站式服务、跟踪服务和承诺服务。对重大引资项目，要实行"一事一议""特事特办""限时办结"。五要创新招商方式。既要做到"请进来"与"走出去"相结合，通过举办招商会、推介会等形式到源头招商，又要通过驻点招商、代理招商、办节招商、网上招商等形式，开展"以乐引乐""以乐引侨""以乐引外""以侨引外""以贸引外""以外引外"的招商引资活动。六要严格督查考核。市政府应把招商引资目标任务层层分解，纳入市机关各部门、各乡镇年度目标管理，严格考核，实行重奖重惩，充分调动各级参与、支持招商引资工作的积极性，推进全市招商引资工作向纵深发展。

（三）**强化基础，狠抓落实**。一要加强项目库建设。要重视招商项目的包装，做好项目可行性研究，使招商项目符合国际规范的要求。要吸取以往的教训，组织和筛选项目，既要根据自己的需要，又要充分考虑投资商的意向。项目库建设必须落实责任制，工业项目由市经贸局牵头落实，除了现有工业企业的技术改造、股权转让等项目外，还要结合本市产业结构调整，列出希望发展的高新技术项目；农业项目由市农业局牵头落实；基本建设和基础设施项目等由市发展计划局牵头，召集有关部门确定一批对外招商的项目，并把项目对外谈判的准备工作做深、做细；市外经贸局、市招商局应负责项目的收集、编辑、催办、联络工作，建立项目动态储备制度。二要搞好对外宣传。要突出反映乐清作为"温州模式"发祥地的市场机制优势、块状经济优势和雁荡山风景旅游优势，有重点地编印画册、制作光盘、汇编资料、发布广告、举办招商说明会，开展对外宣传，树立乐清在国内国际的良好形象。要根据各个阶段招商重点，有选择地在国内外新闻传媒上宣传，促使招商工作达到事半功倍的效果。要通过在外商会、市政府驻外办事处加强与各国驻华使馆商务参赞的联络，加强与国际大公司、大财团驻华办事机构的联络，积极推介乐清的投资环境和招商项目，及时捕捉和创造与他们合作的机遇。此外，要结合外事、侨务、统战、旅游、经贸等工作，发动机关各部门和社会各界宣传乐清投资环境，扩大对外影响，促进招商引资。三要打造引资载体。要以加快乐清经济开发区、市中心区、滨海新区开发建设为龙头，开辟外商投资区和外商生活区，优先安排招商引资项目用地，各重点乡镇也要划出招商引资项目用地，筛选确定全市重大招商引资项目，构筑招商引资平台。四要拓展招商领域。我们要在坚持以引进工业项目和高新技术项目为主的同时，根据乐清城市化、现代化建设的实际需要，不断向农业、基础设施、教育、卫生、体育、商贸、旅游等一、三产业领域拓展，并把地块招商与产业招商、引进产业资本与引进金融资本有机结合起来，努力开创乐清招商引资工作新局面。

（本文原刊于乐清市委政研室《领导参阅》2005 年第 2 期，转刊于温州市委政研室、温州市政府经研中心《决策参考》2005 年第 3 期）

引进恒基伟业温州高科技
产业群项目评析报告

（2005 年 5 月）

　　党的十六届三中全会指出："以信息化带动工业化，以工业化促进信息化，走新型工业化道路，推进国民经济结构调整和经济增长方式转变，推动经济社会全面可持续发展。"发展电子通信制造业则是我国走新型工业化道路的重大战略举措。电子通信制造业作为资本和技术密集型产业，产业规模大，附加值高。目前我国已经逐步形成珠三角、长三角和环渤海湾的三大电子通信制造业基地，苏州和东莞依托电子通信制造业一跃成为全国的明星城市。与此同时，依靠市场优势和成本优势，中国大陆已经成为全球电子通信制造业梯度转移的重点地区。因此，抓住产业转移机遇，大力扶持发展电子通信制造业是温州地区加快提升产业层次、增强产业竞争力的战略选择和现实需要，无疑引进恒基伟业温州高科技产业群项目也是乐清推动经济全面可持续发展的战略选择。本文拟对乐清市引进恒基伟业温州高科技产业群项目作一评析，不当之处，敬请批评指正。

一、恒基伟业温州高科技产业群项目概况

根据 2004 年年初乐清市人民政府与中国恒基伟业集团有限公司签署的《恒基伟业温州高科技项目开发建设协议》，同年 6 月中国恒基伟业集团有限公司在乐清注册成立"恒基伟业科技发展（温州）有限公司"，注册资金 1 亿港元，负责协议项下的项目总体运作，计划引进中国电子（CEC）集团等国内外大型企业，在乐清经济开发区新区投资兴建高科技产业群项目。该项目以数字电视、IC 卡读写器、智能手机、税控机、笔记本电脑、手机、可视电话、读卡器等产品为主导，同时汇聚 20 家左右相关企业，形成配套完备的产业链。

实施该项目的龙头企业恒基伟业是国内最大的 PDA 生产厂家，是全球最大的中文掌上电脑供应商；CEC 集团是中央管理的大型企业集团公司，是中国电子技术创新体系的龙头。项目一期建设周期为 3 年，累计总投资 19.6 亿元，初步形成笔记本电脑、手机、数字电视、税控机等产业链。投产五年内预计销售收入累计可达 357 亿元，实现利润 36.5 亿元，上缴税收 17.9 亿元，为本地区新增就业岗位 12300 多个，有良好的经济效益和社会效益。

项目二期产业发展规划即以产业链发展为中心，以龙头企业为核心，以产业链配套为基础，形成产业集聚，使电子通信制造业成为乐清市的重要支柱产业。同时，以商引商，吸引外资和内资企业，建立集外向型加工制造和自主研发生产为一体的电子信息产业基地，并在

此基础上形成配套产业集聚优势，初步形成数字电视、笔记本电脑、手机等产业链。项目二期的产业发展重点包括：（1）依托恒基伟业、中国电子集团的市场能力和产业化能力，进一步提升市场竞争力，提高市场份额，扩大现有产品的产能。（2）顺应电子通信制造业的产业特点和发展趋势，重点引进下一代网络设备和终端产品、嵌入式软件产品、OLED 等关键电子元器件产品以及 TFT 显示器等新兴产品。（3）以产业链集聚为基础，引进高性能电池、鼠标等计算机外设部件、大规模集成电路制造、数字电视和通信类专用集成电路等配套企业，增强本地配套能力。

二、恒基伟业温州高科技产业群项目发展规划

据 2004 年 12 月修订的恒基伟业温州高科技产业群项目建议书，恒基伟业公司经过全面论证提出了恒基伟业温州高科技产业群项目发展规划：

（一）选择市场潜力大的项目。未来几年，智能手机、移动数字电视是手机和电视的发展方向，具有很大的市场空间。通过将这些市场潜力大的智能手机、移动数字电视和税控机等项目进入乐清经济开发区，以自身在业界的龙头作用，联合其他电子通信制造业巨头企业，合作开发乐清经济开发区的电子通信制造业，力争通过三年的时间，初步形成"以电子元器件和集成电路产业为基础，软件开发为依托，移动电话、计算机和数字电视三产业齐发展"的产业集聚，吸引产业

上下游厂商来开发区投资生产，初步建成以乐清经济开发区为中心的信息产业雏形。

（二）**联合龙头企业，促进产业集聚。**恒基伟业作为国内最大的PDA生产厂商，在智能手机、移动数字电视和税控机等产品领域已经具有部分核心技术和专利，是这些产品领域的龙头企业之一。为快速做大做强乐清市的电子通信制造业，恒基伟业将联合国内外的电子通信制造业龙头企业，共同来乐清投资设厂。同时，充分利用乐清的区位优势和龙头企业的配套规模，增强招商引资能力，吸引产业链上下游企业投资，鼓励留学生回国创业，加快形成电子通信产业链的集聚效应。目前，恒基伟业与CEC集团等龙头企业初步达成合作意向，分别投资建厂，将部分项目和研发、制造能力转移到乐清经济开发区，共同打造东部新兴的电子通信制造业基地。

（三）**不断丰富融资渠道，确保项目建设资金到位。**恒基伟业依托自身产业基础，具有良好的国际融资渠道和信誉保证，是中国工商银行AAA级信用企业，是恒基伟业温州科技有限公司的投资方。为确保项目建设资金到位，恒基伟业将丰富融资渠道，不同发展阶段采用不同的融资方案。发展初期，以自筹资金为主，项目融资为辅；项目进入达产期后，以企业自筹与银行信贷相结合为主，项目融资与政府支持为辅助。

（四）**不断强化产品研发和人才培养，实现可持续发展。**充分利用恒基伟业本身的研发力量，吸引并培育本地人才队伍，尽快提高本地研发能力，增强产业的核心竞争力，并提高产业根植性。当前，信息通信技术演进加快，产业融合带来许多机遇。紧紧抓住3G、宽带、数字电视产业与控制技术的发展机遇，尽快实现自身产品体系的升级，依靠自身在渠道和品牌上积累的优势，加快自身产业规模的迅速放大。另一方面，通过培育产业集聚，形成产业的配套能力，增强产业可持续发展能力。

（五）认真实施产业群的合作发展规划。 通过联合我国其他大型电子通信制造业企业，加快乐清市电子通信制造业的发展，并形成乐清市电子通信制造业基地，为企业营造良好的外部环境和产业支持。其步骤是：第一，计划通过以商引商、联合发展的动作模式，吸引龙头企业，形成一定的产业规模；第二，以产业链发展为核心，吸引配套厂商20余家，初步实现关键部件配套本地化能力；第三，经过3~5年的努力，形成"以龙头企业为核心、以产业链配套为基础的产业集聚"，初步打造出乐清市电子通信制造业雏形。

三、恒基伟业公司在温投资的原因分析

面对告别短缺经济迎来买方市场的挑战，面对加入世贸组织迎来全球竞争的考验，企业在21世纪的市场竞争是产品研发、质量、成本、服务等方面的综合竞争，为适应市场竞争，就必须将市场营销、生产制造、产品研发和物流配送这四个环节予以全面、有机的整合，与供应商、经销商、技术合作伙伴高度协同。恒基伟业作为国内一流的民营高科技企业，虽然具有国际水平的研发中心、国际化的管理团队和强大的核心竞争力，但其决策层清醒地认识到必须以全球化的宏阔视野规划未来，以锐意创新的理念参与竞争，以稳健扎实的步伐开拓前进。因此，我们认为恒基伟业牵头在温投资建设高科技产业群项目的目的是再造竞争优势，实现跳跃式发展。

毫无疑问，恒基伟业公司凭借其知名品牌优势、核心技术优势和人力资本优势，如在国内其他地区尤其是中西部地区投资，享受"零地价"等优惠待遇并非问题。那么，恒基伟业等高科技企业为什么有意选择土地价格较高的温州地区投资呢？我们分析推测是由于以下几方面原因：

（一）温州具有灵活的体制机制。 温州是市场经济先发地区，市场机制比较灵活，民众商业文化底蕴较深，民间投资主体较多，以股份制或股份合作制形式出现的民营企业，可为他们龙头企业筛选配套合作企业提供广阔空间。

（二）温州具有特色鲜明的群体规模经济（即国外的"专业化产业区"）。 温州已有低压电器、电子元器件、建工钻头、精密模具、金属打火机、服装、眼镜等10多个"国"字号产业基地，专业化分工、社会化协作的产业分工体系容易建立，有利于低成本拉长深度产业链。

（三）温州具有高度发达的市场营销网络。 全市有160多万人在外从事经营活动，温州城、温州街、温州店遍布世界各地，可以利用在外温州人迅速建立遍布全球的传统销售方式与现代营销方式并存的市场营销网络。

（四）温州具有独特的区位条件和自然条件。温州位居"长三角"与"珠三角"之间，可归属"泛长三角"地区，海、陆、空交通运输便捷，电力等能源供应充足，城市基础设施不断改善；四季分明，气候宜人，物产丰富，并有旅游度假胜地——国家级风景区雁荡山和楠溪江。

四、乐清市引进恒基伟业温州高科技产业群项目的总体评估

根据恒基伟业集团公司构建恒基伟业温州高科技项目园区的总体规划和框架方案，我们应从乐清整体考察分析引进恒基伟业温州高科技产业群项目的经济、社会效益，以及引进该项目可能出现的负面影响。

（一）该项目符合国家产业政策和温台产业带的产业布局要求。引进该项目，有利于我市提升产业层次，提高产品档次，加快产业结构调整，促进我市工业经济运行质量的提高和工业经济的持续快速发展。

（二）引进该项目，可以带动我市中小企业特别是电子元器件企业为项目龙头企业提供配套服务。从而嵌入龙头企业的产业链，提升我市中小企业的经营管理水平和产品质量，并不断促进相关配套产业和第三产业的发展。与其让乐清电子配套企业纷纷转移到长虹、海尔、康佳等主机企业周围落户，不如主动让恒基伟业等龙头企业接纳

乐清电子配套企业在本市发展壮大，做大乐清的国内生产总值。

（三）该项目的建成投产后，乐清将有可能成为在电子领域居于世界先进水平的工业研发、生产基地。从而提升乐清在长三角的行业地位，使乐清融入长三角高新技术产业群，有利于提高乐清的知名度和美誉度，提升乐清的整体形象，促进跨国公司来乐投资，不断增强乐清区域竞争力。

（四）该项目建成后，可以为我市提供可观的财税收益，安置大量的劳动力。财税收益包括基本建设带来的效益、投产所带来的效益、配套加工产业和第三产业发展带来的效益。据恒基伟业温州高科技项目建议书，市国税局、财政局对该项目建成后的产、销、税预测投产第1年财政收入总规模为1亿元左右，第3年为5亿元左右，第6年即达到11亿元左右。

（五）该项目引进后增加了广大中小企业用地的机会成本。由于我市用地指标紧缺，该项目大量占用土地指标，有可能在一定时期内影响特色工业园区土地指标的落实。

（六）该项目引进存在一定的风险。一是项目政策性优惠付出与项目对地方财政回报的平衡问题；二是项目供地时间与项目建设需求的对接问题；三是项目工业园以龙头企业引导配套企业与我市各主导行业健康发展的协调问题；四是"以企业引企业"步入"以企业圈地炒地"误区的防范问题。

五、落实恒基伟业温州高科技产业群项目的几点建议

（一）**加强对恒基伟业项目引资的协调服务工作**。一要加强对恒基伟业温州高科技项目招商引资工作的组织领导，定期召开会议，认真做好该项目的引资洽谈、跟踪落实和有关协调工作；二要做到特事特办，开通"绿色通道"，简化审批手续，实行"一站式"全程服务。

（二）**合理确定项目用地选址**。在不影响城市总体规划的前提下，尽可能满足投资者的用地选址要求。根据协议规定，工业基地和职工生活配套基地选在乐清经济开发区新区与滨海新区相邻的已围垦土地和乐海工程拟围垦土地；研发中心与专家生活基地选在滨海新区公利浦大桥西边。

（三）**灵活运用供地政策**。根据协议的框架规定，职工生活配套基地、研发中心与专家生活基地作为高科技工业项目的配套部分，可在合理的用地约束条件下，由市政府与恒基伟业方协商，确定减让比例议价出让；工业基地在合理减让价格的原则下，一次性整体确定基标地价，逐年按比例调整价格，分期分批分项目供地，逐块出让。

（四）**加快海涂围垦造地**。乐清经济开发区管委会并开发区投资发展有限公司必须尽快启动乐海围垦工程，以财政担保贷款融资开发；采用现代化围垦技术，分标段施工，确保按时供地。

（五）**正确对待地价减让后的财政收支平衡**。如果我们把招商引资项目中的地价减让和优惠政策兑现当作投资，那么一定周期内的工

业销售额增长、国内生产总值增长、财税增长、劳动力就业安排、区域竞争力增强就是招商引资的回报；而投资就要有一定的回收期限，不能指望当年收回。因此，要实行特殊政策，创新开发区财政体制，采取积极而灵活的方法，确保在一定周期内自求平衡。

（六）组织专业人士精确测算供地方案和围垦方案的相关数据。一要根据协议规定的土地价格减让方案，测算减让额度与财政负担程度；二要根据最快围垦时间要求，在确定围垦方式的前提下，测算围垦成本；三要根据恒基伟业提供的项目建议书，测算优惠政策性减让付出与项目对地方财政回报平衡的时限。

（七）全面提高对恒基伟业来乐投资的认识。一是全市上下要进一步解放思想，统一认识，放宽政策，创造条件，千方百计抓住这一历史性机遇，打造电子通信制造业基地；二是市各职能部门要顾全大局，正视恒基伟业来乐投资的战略意图和主要目的，千万不要片面夸大"圈地炒地"之辞，全力配合这一重大招商引资工作；三是要在全市营造"人人都是投资环境，个个都是投资形象"的良好氛围，迎接恒基伟业温州市高科技产业群项目落户乐清。

（本文原刊于乐清市委政研室《领导参阅》2005 年第 13 期）

乐清人经济和乐清经济互动发展的调查与思考

（2009 年 6 月）

改革开放以来，广大在外乐清人发扬"敢为天下先，特别能创业"的精神，创造了举世瞩目的乐清人经济，推动着乐清经济又好又快发展。潘孝政市长在今年人代会上所作的《乐清市政府工作报告》中指出："认真实施'乐商回归工程'，积极引导海内外乐清人回乡兴办高层次产业，实现乐清人经济和乐清经济互动双赢发展。"为此，本人在学习实践科学发展观活动中，结合本职工作，深入开展调研活动，认真梳理乐清人经济（不包括境外国外，下同）发展状况，分析乐清人经济和乐清经济的互动关系，探讨乐清人经济和乐清经济互动发展的对策建议，以期抛砖引玉。

一、乐清人经济的发展状况

（一）**从业人数多，地区分布广**。乐清人经济是特指乐清人在乐清域外组织经济活动而创造的经济成果，实现的经济价值，取得的经济效益，带来的就业岗位，构建的市场网络，积累的人脉资源，也即乐清人在乐清域外组织经济活动及其结果的总和，是相对乐清本土经济——乐清经济的创新名词。乐清人经济的主体是在外乐清人，我们把在外乐清人界定为因经济因素自行到乐清域外从事各类经济活动的人口及其家属。据乐清市第五次人口普查的数据推算，全市在外乐清人总数约 31 万人（其中男性 17 万，女性 14 万），外出人口占全市户籍人口比重达 26%，略高于温州全市平均水平，远高于全国 10% 左右的流动率，扣除部分未成年人和部分操持家务的妇女，实际在外务工经商的人数约 20 万。从人员身份看，大多数为农民，其余为国有、二轻集体企业下海的管理者，也有党政机关、学校下海的知识商人。从地域分布看，在外乐清人分布面广，全国各省、直辖市、自治区所辖县市均有乐清人在投资、经商、办实业，流入最多的前 10 个省（直辖市）为北京、河北、上海、江苏、陕西、山东、四川、广东、山西、湖北，约占在外务工经商乐清人的 65%。

（二）**行业分布广，经济总量大。**改革开放初期，"走出去"的乐清人主要以做修鞋匠、做裁缝、做木工、做泥水工、理发、拾破烂、摆地摊起步，随后从事服装服饰、电子电器、建筑装饰、皮革皮具、家具加工、餐饮服务等行业，逐步完成资本原始积累。随着国内市场开放程度逐步提高、市场准入条件进一步放宽，在外乐清人充分利用先发性优势，实施了多领域扩张，向电气、电子信息、电缆、房地产、商业地产、能源、环保、文化教育、旅游服务、高新技术等产业发展。经过 30 多年的创业发展，乐清人在外投资规模不断加大，实力不断增强，在全国形成了比较独特的经济现象。如在上海创办的 26 家上规模的电气、电缆企业，累计总投资额达到 35 亿元，估计年产值为 200 多亿元。据统计推算，至 2008 年底，乐清人在全国各地累计投资额达到 1500 亿元以上，创办工业企业约 3800 余家，创办商品交易市场 200 多个，实现年工业总产值近 1000 亿元，年市场成交额达到 1000 亿元以上。

（三）人脉资源多，社会影响大。自 1995 年乐清人在昆明成立第一家异地温州商会——昆明总商会温州商会至今，以乐清人为主的在外温州人已在全国地市级以上城市共组建了 172 家温州商会，其中商会会长为乐清人的比例达 40%，商会理事、副会长为乐清人的比例高达 65% 以上。此外，全国 30 余家异地浙江商会中乐清籍会长占 4 人、理事和副会长比例占 25% 以上，全国各地还建有十余家异地乐清商会。这些在外商会组织成为在外乐清人相互沟通交流的平台，获取商业资讯的场所，维护自身利益的组织，促进区域合作的桥梁。在外乐清人利用地缘、血缘、亲缘逐步建立起来的一张覆盖全国的乐清人网络，不仅具备强大的商品营销功能，还具有配置社会人脉资源、资本资源、人才资源和信息资源的功能。经过多年锤炼，在全国各地创业的乐清人不但成为所在地经济建设的一支重要力量，而且是传播市场经济意识和带动全民创业的友好使者，融入当地主流社会，参与当地政治生活，成为当地各级人大代表、政协委员（常委）和政府经济顾问，在兰州的张建友、沈阳的胡定海还被当地推荐为北京奥运会火炬手。

（四）新建项目多，投资规模大。近几年来，随着国家政策的放开，全国民营经济进入了新一轮发展期，为乐清人经济快速扩张提供了广阔空间。在外乐清人以"温商"作为特有品牌，以在外商会作为主要发展平台，以乐清本土资本作为坚强后盾，实现了超常规发展。据温州市调研组不完全统计，目前在外乐清人投资亿元以上的在建项目有 35 个，计划总投资达 245.79 亿元（详见附表：在外乐清人计划投资亿元以上在建项目统计表）。这些重大项目投资可分为以下几种类型：一是依托乐清本土产业基础，向外扩张投资制造业；二是依托外地城市改造与开发，进军房地产业；三是依托外地市场商机，开发商贸市场；四是依托外地科研或资源优势，创办科技型企业；五是依托中心城市辐射能力，构建总部经济；六是依托区域比较优势，兼并收购企业。

二、乐清人经济与乐清经济的互动关系

（一）构建营销网络，提高乐清产品市场占有率。乐清经济是"两头在外"（原辅材料在外、销售市场在外）的民营经济。改革开放初期，乐清"以商带工"，在外乐清人架通了乐清产品与各地市场的桥梁，而今已从创业初期的外出上门推销、摆地摊等营销方式发展到建立全国性的市场营销网络，形成乐清独特的战略资源。乐清企业则依靠在外乐清人构筑的市场网络，实行分级代理、特许专卖、连锁经营，从而把乐清产品源源不断地销向全国，牢牢把握住市场终端。如低压

电器行业，1995年开始掀起"集团热"，各集团公司筛选利用遍布全国各地的乐清籍经营者作为各地的代理商，在当地注册成立低压电器销售公司，确立集团公司与销售公司的契约关系，从而很快形成全国性的市场营销网络。据统计，乐清低压电器企业依托在外乐清人共设立了30000余家销售中心、分销公司和经销点。

（二）回归投资创业，推动乐清产业结构调整。自2005年实施招商引资"一号工程"至今，乐清共引进在外乐清人回乡投资项目38个，内资16.5亿元，推动了乐清产业转型升级。乐清籍企业家周星增创办的上海建桥集团参与乐清第二建筑有限公司改制，组建温州建桥建筑工程有限公司并晋升为建工集团，成功获得一级建筑资质，成为乐清建筑业的龙头企业，2006年至2008年共纳税1.05亿元。乐清籍企业家周荣创办的苏州路之遥科技有限公司在北白象镇投资4.3亿元建设自动化控制传感器、汽车控制器系列生产线建设项目已进入土建施工，建成后年产值可达40~50亿元。在石家庄经商的乐清籍企业家林成法引进国家"863"计划成果新型液晶项目，正在争取启动建设。乐清籍企业家陈国崇创办的江苏安泰动力机械有限公司，计划在乐清投资3.5亿元建设柴油机零部件生产基地，目前正在开展项目前期工作。

（三）参与慈善捐赠，促进乐清新农村建设。乐清籍在外企业家致富思源，富而思进，纷纷参加慈善事业，既积极参与当地的扶贫济困活动，更不忘家乡的新农村建设。2007年由乐清市委宣传部会同市委农办、市经合办等有关部门评选产生的乐清市十佳在外回报家乡新农村建设个人马林法等 10 人，历年累计捐资额就达 6300 万元。在山西太原成功创业的企业家苏德生 2008 年被推选为清江镇北塘村村委会主任后，制定实施北塘村新农村建设规划，到目前为止苏德生已个人捐资 550 万元，用于修建道路、整治河道、绿化环境、兴建公园；并成立专业合作社，开展全村耕地流转，计划发展设施农业、观光农业。据不完全统计，改革开放以来乐清籍在外企业家捐资家乡新农村建设的总额达 10 亿元以上。

（四）盘活民间资金，创造乐清社会财富。调查发现，一般乐清籍企业家在外投资重大项目，都有乐清民间资金以参股或借贷形式投入。究其原因，一是由于乐清籍在外企业家自身经营的流动性和各类金融政策的限制，难以从当地金融机构获得大量贷款；二是面对近几年房地产行业的勃发态势，富有投资意识的乐清各界人士充满投资回报的良好预期，纷纷产生追求更大财富的投资冲动；三是具有良好信誉的民间借贷，引导着乐清富裕民资的流向。因此，乐清富裕的民间资金，股份合作形式的融资机制，就成为乐清籍企业家在外投资重大项目的坚强后盾。据有关部门推算，常年投放在外（包括购置不动产）的乐清民间资金达 1000 亿元以上。民资外投为广大乐清中小投资者带来不同程度的回报，积累了乐清的社会财富。但因此也加大了金融风险，有少数乐清籍企业家因信用缺失或因项目投资失败，造成中小投资者的亏损。

（五）开展区域合作，扩大乐清知名度和美誉度。遍布全国各地的乐清人顺应国家宏观形势，抓住机遇，捕捉商机，积极参与西部大开发、中部崛起和东北等老工业基地振兴，积极参与"双对口"、山海协作工程，积极参与"5·12 汶川大地震"灾后重建，赢得当地党委政府和人民的赞誉和敬佩，扩大了乐清在国人心中的知名度和美誉度。同时，他们以在外累积的独特优势，内外互动，整合资源，搭建平台，引进技术，创新营销，拓展市场，实现产业对接、优势互补，拓宽了乐清与全国各地合作与交流的渠道，为乐清生产要素保障、粮食供应安全、区域品牌提升发挥了重要作用。

三、乐清人经济与乐清经济互动发展的历史机遇

（一）交通设施条件不断完善，乐清区域辐射功能显著增强。乐清地处东南沿海，曾经是一个交通"死角"，改革开放以来，104 国道拓宽升级，金温铁路、温州机场、甬台温高速公路、七里港码头陆续建成通车或通航，现已形成公路、航空、铁路、水运等多种运输方式并存的对外交通体系，为区域内的加工制造业、商贸业提供了高效便捷的现代物流服务。去年 5 月杭州湾跨海大桥的建成通车，今年 8 月份温福铁路、甬台温铁路又将建成通车，使乐清缩短了与长三角中心城市、海峡西岸经济区、珠三角的距离。随着温州机场的扩建、沿海高速公路复线的加快建设、金丽温铁路复线的全面施工，乐清对外交通条件将越来越好，物流成本会越来越低，乐清与全国各地时空差距也会越来越小。

（二）沿海产业带建设步伐加快，发展空间逐步增大。乐清市委、

市政府出台了《关于乐清沿海产业带开发建设的意见》，着力构筑"一轴一湾四片四区"总体发展布局，建设"一基地二集群二中心"产业发展体系，推动产业、城市、生态融合发展，努力把沿海产业带建成温州沿海产业带的先行区、乐清科学发展的先行区。为适应沿海产业带的建设，全市在完成围垦海涂 8000 多亩的基础上，争取到 2010 年再完成围垦海涂 3.03 万亩，以此缓解建设用地的不足；同时乐清正在全力建设乐清湾港区，重点发展港口物流、船舶修造、电力能源、新型建材、绿色化工、水产品精深加工等临港产业。因此，乐清经济开发区（三期）、市中心区、乐清湾临港工业区、雁荡山旅游风景区将成为选商引资的主战场，为在外乐清人回乡投资提供了可选择的空间。

（三）乐清总部经济园启动建设，发展前景比较看好。总部经济是指某区域（通常是中心城市）拥有独特的资源优势，吸引企业将总部设在该区域集群布局，将生产制造基地布局设在具有比较优势的其他区域，使企业价值链与区域经济实现最优空间布局的一种经济形态。乐清市委、市政府高度重视发展总部经济，已规划在市中心区滨海片区建设用地规模为 300 亩的总部经济园。乐清发展总部经济的定位是吸引民营企业总部为主，重点发展民营企业区域总部和业务总部，明确启动阶段的重点是留住本地大企业大集团的总部，同时鼓励在外乐清人的企业总部回归，进而吸引跨国公司、国内大企业来乐设立区域性总部、功能性业务中心或研发中心。随着乐清市中心区滨海片区中央商务区（CBD）的逐步形成，发展环境的不断改善，乐清总部经济园必将会迈向美好的前程。

（四）**"温州名购"计划正在实施，内外互动必显成效。**为了发挥在外温州人市场网络和温州产品两个优势，温州市委、市政府决定通过政府主导和企业主体相结合，由在外温州商会、域内行业协会和龙头企业牵头，精心筛选一批温州名品，统一以"温州名购"的标识，在国内大中城市主要是温州人创办的大型商场内集中展示和销售，计划两年内在国内重点城市创建 100 家温州名品购物中心（简称"温州名购"）。今年 1 月份，全国第一宗温州名品购物中心已在乐清籍在外企业家胡时俊创办的天津麦购时代广场试营业。"温州名购"计划的实施，既可提升温州区域品牌，助推温州企业抱团开拓市场，又为包括乐清人经济在内的温州人经济和乐清经济的互动发展注入新的活力。

四、乐清人经济和乐清经济互动发展的对策建议

（一）**理性分析，准确定位，充分认识乐清人经济在乐清未来发展中的地位和作用。**历届乐清市四套班子领导都十分重视在外乐清人工作，从各个方面关心、支持乐清人经济发展壮大，这既体现了人文关怀，更着眼于发展战略。在经济全球化、区域一体化的今天，促进乐清人经济与乐清经济相互融合、互动发展，不失为明智的战略举措。一要既要承认资本的逐利性，又要正视人的社会性特别是乐清人的家乡情结，全面评估乐清人经济和乐清经济互动发展的潜在性、可能性

和现实性。二要把乐清人经济作为乐清发展的战略资源，进行全面规划、合理开发、有效利用。三要继续加大在外乐清人工作力度，不断增加乐清人经济与乐清经济的关联度，促进乐清人经济和乐清经济互动双赢发展。四要充分发挥在外乐清人的资本资源、营销网络、人才资源和人脉资源优势，积极传递经济技术信息，有效解决乐清发展的要素制约，促进乐清区域经济做大做强。只有这样，乐清人经济才能在乐清未来发展中发挥应有的作用。

（二）建立机制，创新载体，不断加强在外商会和在外乐清人工作。在外商会包括异地浙江商会、温州商会、乐清商会，是在外乐清人集中参加的民间组织。加强对在外商会的联络、服务、协调、指导工作就抓住了在外乐清人工作的牛鼻子。一要建立健全市领导定期察访在外商会制度，尤其是要请市领导出席在外商会举办的重大活动，这既是对在外乐清人莫大的鼓励，又能使市领导了解在外乐清人经营状况，加强与在外乐清人的情感联络，增强在外乐清人对家乡的认同感。二要加大在外乐清人创业成就和乐清经济社会发展情况的宣传力度，增强他们投身家乡建设的责任感、使命感和荣誉感。三要开展乐清人经济普查工作，建立完善乐清籍企业家动态数据库，全面准确掌握乐清人经济的量化指标。四要建立在外乐清人突发事件应急预案，及时帮助在外乐清人解决重大困难。五要给予为乐清发展做出突出贡献的在外乐清人相应的政治待遇，在授予荣誉、安排市人大列席代表、市政协特邀委员名额时适当增加在外乐清人的比例。

（三）构筑平台，优化服务，完善在外乐清人回乡投资创业的支

撑体系。吸引在外乐清人回归投资创业，资源保障是基础，政策创新是关键，服务到位是根本。一要以推进沿海产业带建设为契机，引导在外乐清人回乡投资基础设施、现代服务业、先进制造业和节能环保产业项目，努力打造在外乐清人回乡创业平台。二要建立动态的乐清本土投资项目库和信息沟通网络，全面收集实力较强的在外乐清人的投资动态信息，及时推出适合在外乐清人回乡创业的投资项目，积极打造在外乐清人回乡创业的信息沟通平台。三要在市经合办（市招商局）增设在外乐清人服务中心，实行在外乐清人回乡投资项目报批和进入总部经济园的全程代理服务，并及时帮助回乡创业的乐清人解决各种困难和问题，不断提升对在外乐清人回乡创业的服务水平。四要对乐清籍企业家回乡投资重大项目，实行一事一议、特事特办，既要看投资对象的资金实力，更要看投资对象的团队能力和专业营运水平，以确保重大投资项目能发挥预期的综合功能和效益。

（四）科学规划，统一建设，着力把乐清总部经济园打造成为实施"乐商回归工程"的"乐商家园"。从创新发展模式、促进产业转型升级和实施"乐商回归工程"的实际出发，乐清总部经济园开发建设必须注意以下几点：一要充分认识乐清总部经济园这一战略资源。根据乐清市中心区发展规划，滨海片区是未来乐清的中央商务区（CBD），而乐清总部经济园规划区位于滨海片区的核心地段，必将成为城市产业发展的商务制高点和现代服务业发展的高端平台，是乐清发展不可多得的宝贵资源，因此决策者、投资者、开发者、入园者理应重视对待，舍得投入，乘势而上，各得其所。二要加强组织领导，理顺条块关系，明确投资主体、开发主体和招商主体，建立总部经济园建设领导小组联席会议制度，各个相关部门分工负责，合力推进开发建设进度。三要及时制定政策措施，积极引进战略投资者和专业营运商，也可由市政府组建乐清总部经济园投资公司，或以乐清市在外企业家联合会凝聚在外乐清人的实力组建投资公司，严格按规划开发建设，做到统一开发、统一设计、统一物业管理，为入园企业提供"交钥匙工程"，切忌让入园企业变成房地产商。四要加快滨海片区基础设施和总部经济园配套项目的建设，尽快集聚滨海片区的人气商气，不断改善总部经济园的环境条件。五要加大招商力度，吸引符合条件的乐清内外企业入园，吸引有置业欲望和发展潜力的在外乐清人进入总部经济园，引导他们从初始的投资置业向中长期的回归创业转变。我相信，只要能在较短时期（2~3年内）将乐清总部经济园一期打造成"乐商家园"——乐商回归的家园、乐商创业的家园，集聚"在外乐清人"这一独特资源，乐清总部经济园的未来就有活力和希望。

附表：

在外乐清人计划投资亿元以上在建项目统计表

业主名称	乐清籍负责人	投资地点	项目名称	计划总投资（亿元）
江西人民输变电有限公司	郑元豹	南昌市	电气制造	8.5
宜春市南氏房地产开发有限公司	南金乐	宜春市	金地嘉园楼盘、翰林世家楼盘	2
驻马店市中乐房地产开发有限公司	王 胜	驻马店市	中乐时代广场	2
浙江诚达船业有限公司	王伦和	舟山市	船舶修造	2.2
环宇集团荆州房地产开发有限公司	陈光贵	荆州市	荆州市中山路商业步行街	2.2
长春一汽四环发动机制造有限公司	陈余文	长春市	汽车发动机制造	2.7
应大集团	应泽从	天津市	空港应大工业园	2.9
山东齐鲁鞋城置业有限责任公司	蒋益东	济南市	齐鲁鞋城品牌港	2.5
潍坊博鳌国际印刷包装城有限公司	陈王浦	潍坊市	印刷包装城	3
远东电器集团有限公司	陈成俊	青岛市	中国远东电器集团公司工业园	3.5
荆州市神明房地产开发有限公司	郑存奎	荆州市	楚天明珠	3.5
攀枝花建桥房地产开发有限公司	陈胜芳	攀枝花市	上海花园绿洲康庭二、三期	3.99

续表

业主名称	乐清籍负责人	投资地点	项目名称	计划总投资（亿元）
安徽索谷电缆有限公司	倪建生	淮北市	索谷电缆	4.7
沈阳中驰房产投资有限公司	胡定海	沈阳市	东北亚医药城	5
青岛温商投资有限公司	吴旭锋	青岛市	青岛市商会大厦	5
淮北市温州工业园投资公司	陈雷需	淮北市	温州工业园	5
天津市浙江商会	连良桂	天津市	浙江大厦商贸城	5
天津现代集团有限公司	马成喜	天津市	伊势丹百货	5.6
攀枝花市温州商城开发有限公司	何锦云	攀枝花市	云锦、金瓯广场	6
天津市温州商会	胡时俊	天津市	温州大厦	7
沈阳金基置业有限公司	黄金俊	沈阳市	西堤国际花园	8
华仪集团河南投资发展有限公司	陈道荣	信阳市	年产 20 万吨离子膜烧碱项目	8.4
沈阳中雁房产投资发展有限公司	吴胜义	沈阳市	五里河城	12
百年城集团有限公司	吴云前	沈阳市	温州食品城	15
上海中发电气（集团）股份有限公司	陈邓华	上海市	上海服装城	16
沈阳温州工业园项目开发有限公司	郑献金	沈阳市	温州工业园	22
沈阳江城房地产开发有限公司	刘碎曼	沈阳市	沈阳兴顺灯具城	4
鞍山中财置业有限公司	徐小艳	鞍山市	国际名都	4
欧王集团有限公司	王通海	烟台市	欧王葡萄酒工业园	2.8

续表

业主名称	乐清籍负责人	投资地点	项目名称	计划总投资（亿元）
无锡东方国际轻纺城集团公司	黄永杰	无锡市	无锡国际皮革城	30
唐山日泰房地产开发有限公司	庄玉龙	唐山市	唐山建材城	1.5
辽宁铭城置业有限公司	林乐平	鞍山市	中国商贸城（一期）	10
唐山温商房地产开发有限公司	郑文纬	唐山市	温州国际五金城	8.5
上海胜华电缆（集团）有限公司	张胜利	合肥市	绿宝电缆工业园	5
吉林市博大生化有限公司	卢银存	吉林市	年产乙醇20万吨、饲料20万吨生化项目	12.8
合计				245.79

（本文获 2009 年度乐清市党政系统优秀调研成果一等奖）

"十二五"期间内外乐清人互动发展研究

（2010 年 12 月）

一、引言

中共乐清市委《关于深化改革开放推动科学发展的实施意见》指出，发展提升乐清人经济，促进乐清人经济与乐清经济融合互动发展。改革开放以来的实践证明，实施内外乐清人互动发展，是坚持以人为本、实现发展依靠人与发展为了人相统一的必然要求；是扩大对内对外开放，在更大范围内利用资源、占领市场的重要途径；是发挥优势、凝聚力量，进一步做大做强乐清人经济与乐清经济，加快推动乐清科学发展，提升综合竞争力和可持续发展能力的重大举措。面临即将到来的"十二五"这一重大战略机遇期，我们贯彻落实温州市委市政府指示精神，按照乐清市委市政府要求，回顾总结内外乐清人互动发展情况，研究探讨"十二五"期间内外乐清人互动发展工作，为制定乐清"十二五"规划提供参考依据。

二、内外乐清人互动发展情况与特色优势

改革开放 30 多年来，勤劳勇敢的乐清人充分发扬"敢为天下先，特别能创业"的精神，积极拓展发展空间，一批又一批乐清人远离家乡，闯荡世界和全国各地，他们艰辛拓市场、拼搏求发展，创造了"哪里有市场，那里就有乐清人；哪里没有市场，那里就会出现乐清人"的奇迹。如今，近 30 万在外乐清人借助乐清制造后方基地，架通了乐清产品与各地市场的桥梁，创下了一个又一个以小博大的财富传奇，"温州制造""乐清制造"享誉全国，走向世界。目前，在外乐清企业家创办工业企业约 3800 余家，创办商品交易市场 200 多个，实现年工业销售额 1000 亿元以上，年市场成交额达到 1000 亿元以上。还有 3 多万乐清人拼搏奋斗在世界五大洲 60 个国家和地区。乐清人凭借着勇气和智慧，一次又一次开拓了属于自己的经济版图。与此同时，在外乐清人的社会影响不断扩大。自 1995 年乐清人在昆明成立第一家异地温州商会——昆明市总商会温州商会至今，以乐清人为主的在外温州人已在全国地市级以上城市共组建 187 家温州商会，其中商会会长为乐清人的比例达 40%，商会理事、副会长为乐清人的比例高达 60% 以上。此外，全国各地还建有 12 家异地乐清商会。

在外乐清人在创造财富奇迹的同时，积极回归投资创业。据统计，2006 年年初至 2010 年 6 月，乐清共引进在外乐清人回乡投资项目 43 个，投资金额 22.28 亿元，有力推动着乐清产业转型升级。在

外乐清人积极参与慈善捐赠，促进乐清新农村建设，据不完全统计，改革开放以来，在外乐清人捐赠家乡新农村建设资金的总额达10亿元以上。在外乐清人还积极参政议政，为所在地和家乡的社会全面发展建言献策，积极投身社会公益事业，推动和谐社会建设。而今乐清人资源已经成为乐清发展最大的优势，内外乐清人以集体的力量，赋予了乐清经济一股强大的张力。

乐清人是乐清发展最宝贵的资源和最具明显的特色优势。主要体现在以下几个方面：一是企业家群体优势。乐清人具有敢为人先、开放包容、追求卓越、合作共赢的优秀品质，具有抱团、恋乡的特点和情怀，具有很强的文化认同感和家乡归属感。特别是经过改革开放的磨炼，造就了一大批熟悉市场、懂经营、善管理、有社会责任感的现代商人，形成了一支数量庞大的乐清企业家群体。包括在外乐清籍在内的乐清企业家是乐清人与乐清人精神的完美结合。二是市场营销网络优势。在外乐清人在全国各地和世界各地开辟了数以万计的温州城、温州街、温州村、温州店，构筑了庞大的温州产品、乐清产品销售市场网络，这个无形市场比有形的市场大得多。三是资本优势。乐清民间资本积累丰裕，目前已经成为国内最大的资本输出地区之一，形成了巨大的资本链，形成了遍布全球的乐清人经济。四是信息优势。现在乐清人特别是在外乐清人经受各种文化的交流交融，汇聚了大量信息，思想、理念非常先进，拥有很多先进的技术、高档次的项目、品牌和产品。可以说，近30万在外乐清人每一个都是一个信息源。所有这些，都是乐清发展的重要战略资源和战略优势，推动乐清科学发展，再创乐清发展新辉煌，必须更加注重发挥乐清人的优势。

三、内外乐清人互动发展的指导思想与战略目标

实施内外乐清人互动战略的指导思想是以科学发展观为指导，充分发挥乐清人的优势，汇聚海内外乐清人的力量，统一思想、凝聚共识，以更加广阔的视野、更加扎实的平台、更加丰富的内涵、更加有力的举措，推进内外乐清人全面互动发展，着力提升乐清科学发展水平。

实施内外乐清人互动战略，主要是以经济为重点，充分利用国内外两种资源、两个市场，充分发挥乐清人经济网、信息网和人际网的优势，推进内外乐清人情感互动、产业互动、营销互动、项目互动、文化互动、信息互动，加强内外乐清人网络建设，支持乐清企业和乐清人走出去发展，鼓励引导在外乐清人回乡创业，真正实现全方位、多领域的双向良性互动发展，全面提升乐清与乐清人的知名度、美誉度和综合竞争力。为此，拟定"十二五"期间的战略目标是建设六大平台：

（一）**联络平台**。推进内外乐清人互动，首先要把内外乐清人的联络平台建设好。我们所要建立的联络平台，应当发挥乡情亲情传递、重大情况互通、项目动态交流、市场信息交换、商业营销联动、乐清文化传播等功能。通过联络平台建设，建立完善情况相通、信息

共享、项目联动、有难互帮的机制，努力实现内外乐清人是真正的一家人。

（二）**市场平台。**推进内外乐清人互动，必须做深做实市场这篇文章，进一步加强市场平台建设，提升市场互动水平。要加快建设"温州名品购物中心"，开展"名品进名店"活动，鼓励扶持华侨贸易，加强对俄贸易平台建设，鼓励支持大企业带领小企业拓市场。

（三）**空间平台。**吸引在外乐清人回乡创业，最基础的就是空间平台。结合内外乐清人互动，要在乐清湾港区、乐清经济开发区中预留一些土地，设立专门的在外乐清人回乡投资创业园或创业基地。在乐清总部经济园、乐清湾港区、乐清经开区的招商引资中，要优先安排符合条件的在外乐清人项目进驻。

（四）**项目平台。**鼓励引导在外乐清人回乡创业，一是引进上档次的战略性产业项目。要着力引进在外乐清人在新能源、新材料、生命科技、环保设备等领域的优势项目。二是发展总部经济。建设乐清总部经济园，引导和支持在外乐清籍企业家、海外华侨回乐设立公司总部。三是投资社会事业和基础设施。积极鼓励支持在外乐清人回乡投资科技、教育、卫生医疗、文化、信息等社会事业，投资建设交通、电力、供水等基础设施，加快推进乐清公共服务能力建设和基础设施建设。

（五）**融资平台。**现在许多在外乐清人都发展得很好，资金很充裕，有的暂时又没有好的投资项目。要形成正确的导向，畅通融资渠道，大力推进金融创新。积极争取上级支持，拓展村镇银行、农村资金互助社的发展面，提高小额贷款公司对外融资额度，尤其要力争使村镇银行真正成为"民资"银行。要通过建立投资公司、设计信托产品等途径，引进在外乐清人的资本。

（六）**开放平台**。要继续加大政策扶持力度，鼓励支持有条件的企业走出去发展，积极参与国际分工，提升价值链，延长产业链，通过跨国经营有效增强国际竞争力。要创新走出去的方式，通过在境外建立工业园区等直接投资的方式，更好地开拓国际市场。要利用民资走出去，鼓励参与境外能源、矿产等资源开发。同时，在国内要通过整合政府和企业、内外乐清人各个层面的力量，进一步扩大区域合作交流，形成宽领域、多层次的对内开放格局。

四、内外乐清人互动发展的工作重点与保障措施

实施内外乐清人互动发展战略，核心内容就是要围绕拓市场、增优势、聚合力的目标，加强内外乐清人网络建设，支持乐清企业和乐清人走出去发展，鼓励引导在外乐清人回乡创业，实现双向良性互动。为此，建议抓好以下工作重点：

（一）**推进纽带网络建设**。引导各地温州商会、乐清商会、华侨与台胞社团组织，进一步统一认识、整合力量、健全组织、完善机制、提高能力，推进联谊、发展、合作的组织网络建设，增强在外乐清人的家乡归属感，凝聚内外乐清人的力量，进一步打响乐清人品牌，提高乐清人美誉度。

（二）完善开拓市场的相关政策。鼓励在外乐清人拓展市场营销网络，开设乐清产品专柜，创建乐清产品区域仓储中心，进一步提高"乐清制造"区域品牌市场影响力，推进乐清产品提升国内外市场占有率。

（三）强化土地空间要素供给。依托中心城区和经济开发区、乐清湾港区等发展平台，强化政策支持，加大招商力度，积极引导在外乐清人资金回流、人才回归，努力引回一批在外乐清人的大项目、好项目，大力发展新兴产业，培育新的特色优势产业。

（四）健全在外乐清籍企业家联谊组织——乐清市在外企业家联合会的运作机制。充分发挥在外乐清人拥有的良好人脉优势，为我市与境内外城市在资源合作、区域合作上创造良好条件，将其打造成为承接乐清人经济与乐清经济互动的大平台。

同时，推进内外乐清人互动发展，必须依靠全社会的共同努力，调动各方面的积极性和主动性，努力创造良好的条件和环境，切实提供全方位的保障措施。为此，建议做到：

第一，切实加强组织领导。要真正把推进内外乐清人互动发展作为一项大战略，自觉摆上重要议事日程，找准对接点，制定政策措施，创新工作载体，经常研究解决工作中遇到的问题。各级党政主要领导要亲自抓，分管领导要集中精力抓，其他领导也都要结合各自职责合力抓。要深化"乐清之外都是外"的理念，把在外乐清人列为选商引资的重点对象，形成全市一盘棋的互动格局。要把推进内外乐清人互动情况，列为党政班子目标责任制考核的重点内容，各部门要结合自己的职能，各司其职、各负其责，形成推进内外乐清人互动的整体合力。

第二，全方位优化互动环境。一要优化政策环境。对推进内外乐清人互动，特别是对在外乐清人资源的整合，要制定有吸引力、可操作的政策，加强政策的引导作用。特别是对吸引在外乐清人回乡投资的重大项目，要实行一事一议、特事特办，既要看投资者的资金实力，更要看投资者的团队能力和专业营运水平，以确保重大投资项目能发挥预期的综合功能和效益。二要优化服务环境。继续推进政府部门职能转变，着力提高服务质量和办事效率。尤其要按照市委的部署，把转变干部的工作作风、改善发展环境作为一项突出重点来抓，贯穿于"十二五"工作始终，进一步强化为群众服务、为企业服务。三要优化居住环境。坚持宜商环境建设和宜居环境建设一起抓，吸引更多的在外乐清人回乡投资、生活。四要优化舆论环境。加大宣传力度，形成良好的舆论导向，在全社会营造关心支持推进内外乐清人互动的局面。

第三，不断加强在外商会建设。全国异地温州商会、乐清商会，是在外创业乐清籍工商业者自我组织、自我协调、自我管理、自我服务的民间组织，也是市委、市政府联系在外乐清人的桥梁和纽带。市委、市政府很重视在外商会建设，前不久专门下发了关于市领导联系异地温州商会、乐清商会工作的文件，明确了工作职责。市经合办作为联系、服务、协调、指导在外乐清人和在外商会的职能部门，要切实加强与各异地温州商会、乐清商会的沟通联系，处理有关日常事务。

全国异地温州商会、乐清商会应进一步加强自身建设，不断提高服务水平，多做有利于推进内外乐清人互动的工作，促进内外乐清人共同发展。

（本文获 2010 年度乐清市党政系统优秀调研成果二等奖）

乐商回归创业创新态势观察与对策研究

（2012 年 12 月）

一、引言

实施浙商回归创业创新工程是浙江省委省政府根据当前复杂的国际经济形势、国内宏观形势和区域竞争形势，发挥在外浙商的资本、技术、人才等优势，推进浙江经济社会持续快速发展的重要战略任务。乐清是浙江经济发展的重点县市之一，乐商是浙商的重要组成部分之一。乐清市委市政府认真贯彻省委省政府和温州市委市政府的决策部署，以实施"乐商回归工程"为抓手，乐商回归创业创新工作开局良好，成效显著，机遇前所未有，挑战不容低估。本文拟在开展乐清人经济调查活动的基础上，回顾乐商在外创业创新的成功实践，总结近年来乐商回归创业创新的工作成效，分析乐商回归创业创新的历史机遇，探讨乐商回归创业创新的对策建议，以期抛砖引玉。

二、乐商在外创业创新的成功实践

（一）乐商在外创业创新的基本情况。2010 年第六次全国人口普查数据显示，乐清市外出人口包括务工经商、随迁家属和学习培训在内约为 30 万人（29.97 万人）。扣除随迁家属和学习培训人员，乐清实际在外务工经商为 20 多万人，而包括在外乐商聘请的各地经营管理人员在内，号称"30 万在外乐商"，分布在全国各大中小城市，其中人数较多的前十个省市依次为北京、广东、上海、江苏、山东、云南、陕西、四川、湖北、河北。随着国内市场开放程度的不断提高，民营经济准入领域的逐步放宽，在外乐商充分利用先发优势，实施多领域扩张，向电气、电子信息、电缆、房地产、商业地产、能源、环保、文化教育、旅游服务、高新技术、特色农业等产业发展。据乐清市招商局（经合办）开展乐清人经济调查初步统计，乐商在全国各地累计投资额达到 1800 亿元以上，创办规模以上工业企业约 3800 余家，创办商品交易市场 230 多个，实现工业总产值超过 1500 亿元，年市场成交额达到 1500 亿元以上。乐商在外的经济总量相当于乐清本土的经济总量，形成了在全国比较独特的经济现象。

（二）乐商在外创业创新的发展阶段。

1. 20 世纪 80 年代之前，是劳动力输出、外出谋生阶段。改革开放之前，乐清由于人多地少，自然资源匮乏，经济基础薄弱，生存环境恶劣，部分农民为了养家糊口，敢冒被羁押在外或遣送回家的风险，选择外出另谋生路，他们什么苦都能吃，什么活都能干，包括务农、做临时工、补鞋、理发、拾破烂、摆地摊等。其中有一部分人，改革开放之初就积累了一定的资本，成为当地的小业主，有的则发展成为今天的知名乐商。

2. 20世纪80年代至90年代，主要是劳动力输出与商品输出阶段，也是乐商在外进行资本原始积累阶段。十一届三中全会之后，乐清农村富余劳动力开始大量转向二三产业。一是从事电器为主的，当时号称"十万供销大军"的供销员队伍，他们外出推销柳市区域生产的电器五金产品，又为本地企业带回市场信息；二是从事以服装加工销售为主的广大工商个体经营户，他们在外通过前店后厂、沿街推销、租赁柜台零售批发等方式，开始资本原始积累，丰富经营经验，为其之后承包经营商场、开发市场与商贸城奠定了基础。以上两类乐清人从游商到坐商，从经营地摊到经营商城，从"地产销"变为"产地销"，成为在外乐商的主体。

3. 20世纪90年代初至20世纪末，主要是商品输出和资本输出阶段，也是完成资本原始积累阶段。进入20世纪90年代，特别是1992年邓小平南方谈话发表以后，乐清经济进入快速发展时期，民间资本也日益雄厚，而这一时期正是全国其他地区市场化改革刚刚起步阶段，乐商在外四处出击，开发建设了众多的专业街、商业地产、工业企业。尤其是在全国各大中城市中几乎都有乐商自己开发经营的商贸市场，从而扩张了商业资本和产业资本。

4. 21世纪以来，主要是商品输出、品牌输出和资本经营相结合的阶段。随着国家西部大开发、振兴东北等老工业基地、中部崛起等区域发展战略的陆续出台实施，因乐清土地等要素资源的制约而进行产业梯度转移，在外乐商在商贸物流、旧城改造、文化教育、资源开发、工业生产、国企改制、特色农业等领域进行大规模投资开发，经历了从商品生产、商品流通，向品牌经营、资本运作的新跨越，逐渐形成了乐商投资中国现象，形成了强大的乐清人经济板块。

（三）乐商在外创业创新的主要特点。

1. *市场导向性*。乐商在外投资创业与成长，离不开市场机制的作用，并随着市场环境的变化相应调整自身的发展方向。"哪里有市场，那里就有乐清人；哪里没有市场，那里就会出现乐清人。"遍布全国各地的30万乐商，在经历短缺经济、卖方市场、买方市场变迁的过程中，顺应市场、引导市场、创造市场，赚取了利润，成就了事业。同时，许多地方的市场意识与市场机制，从某种意义上说是乐商首先导入的，乐商的投资创业活动带给当地的不仅是经济总量的增长，更为重要的是市场理念的形成和市场秩序的完善，从而扩大了乐清在全国各地的知名度和影响力。

2. *内外互动性*。乐商在外经济扩张与乐清发展历程呈现明显的互动性。在20世纪80年代初期，乐清家庭工业兴起时，乐商走南闯北，以联营合作、租赁摊位、开设"窗口"或开展供销服务为主，即当时所称的十万供销大军，为乐清本地产业的发展起到了很大推动作用；20世纪90年代，乐清经济实体产权结构向股份制演变，工业经济迅猛发展，乐商在外迅速形成乐清产品营销网络，同时抱团开发专业市场，许多市场也经销乐清和温州的产品；而进入新世纪以来，随着乐清一批小巨人企业的兴起，在外乐商则以私人或乐清企业集团公司名义在全国投资创办实业，设立研究机构或销售机构，改变小打小闹的格局，向规模化发展。

3. **多元渗透性**。乐商对外投资的多元渗透性主要表现在市场的渗透性、产业的渗透性和社会的渗透性。一是市场的渗透性。乐商无论是创办市场，还是兴建商业街，创建商贸城，无不打上温州（乐清）商品、温州（乐清）品牌的深刻烙印，使温州（乐清）商品向当地渗透，扩大温州（乐清）品牌影响。只要有商机，就会有乐商的身影，就会有乐商进行投资创业。二是产业的渗透性。乐商在外投资从事的行业大多与乐清本地产业相似或关联度较大，具有明显的地域特征，并把产品、技术、信息向乐清本地渗透，为乐清经济发展注入新动力。三是社会的渗透。在外乐商都能积极融入当地主流社会，和谐处理与当地民众的关系，参与当地的政治生活，许多乐商被当地政府聘为经济顾问，当选为各级人大代表、政协委员（常委），或在工商社团兼职。

4. **三缘集群性**。乐商对外投资很少跑单干，绝大多数是靠兄弟姐妹的血缘、乡村近邻的地缘、同学战友的情缘凝聚在一起的，依靠亲情、乡情、友情为联系纽带，亲帮亲、邻帮邻，发扬敢于吃苦、敢于冒险、合作抱团的精神，走遍千山万水，历尽千辛万苦，使用千方百计，讲述千言万语，在当地办一个市场，带一批企业，活一方经济，成为当地市场经济的生力军。自 1995 年乐商在昆明成立第一家异地温州商会，至今以乐商为主的在外温商已在全国各地共组建了210家异地温州商会、近20家异地乐清商会，异地温州商会、乐清商会的迅速发展印证了在外乐商的群集性和抱团精神。

（四）乐商在外创业创新的十大案例。乐清市招商局（经合办）通过乐清人经济调查，掌握了众多乐商在外创业创新的案例，这些成功案例可成为行业科技进步的先锋、产业转型升级的楷模、乐商回归发展的首选。笔者现初步选择其中十大乐商在外创业创新的案例，以供参考（详见表1：乐商在外创业创新十大案例）。

表1　乐商在外创业创新十大案例

姓　　名	公司名称	创业创新产品	备　注
潘金立	北京威业源生物科技有限公司	"微普"微生物修复技术及产品	发明专利
陈余文	长春一汽四环发动机制造有限公司	汽车发动机	发明专利
郑德强	郑州恒正新能源科技开发有限公司	移动式新能源热能转换供热装置	发明专利
南存钿	厦门日华科技股份有限公司	多功能防灾警报系统	发明专利
周　荣	苏州路之遥科技股份有限公司	智能控制产品	发明专利
杨须红	武汉长兴集团有限公司	高端直流产品	发明专利
吴云前	大连百年城集团有限公司	商业地产	
林贤友	大陆桥投资开发有限公司	商业地产	
王剑元	震宇中视（北京）网络传媒有限公司	中国网络电视台（央视网）能源频道	
张文彬	西山教育集团有限公司	特色职业教育	

三、乐商回归创业创新的工作成效

2009 年乐清市时任市长潘孝政在《政府工作报告》中就已提出："认真实施乐商回归工程，积极引导海内外乐清人回乡兴办高层次产业，实现乐清人经济和乐清经济互动双赢发展。"近几年来，许多乐商在乐清市委市政府的感召下，回归投身于家乡建设，有的参与家乡新农村建设，有的参与工业经济发展，为乐清经济社会发展作出了积极的贡献。如上海建桥集团参与组建温州建桥建筑工程有限公司，填补了乐清一级建筑资质的空白，近三年实现纳税超亿元；上海慎江阀门有限公司投资 3 亿元建设年产 1 万台（套）大口径液气联动阀、汽轮机主气阀系列生产线项目，2009 年已建成投产；苏州路之遥科技有限公司董事长周荣正在实施计划总投资 4.3 亿元建设自动化控制传感器、汽车控制器系列生产线项目，建成后预计年产值 40 亿元以上；北京乐清商会常务副会长王云龙等投资建设的南虹广场商贸中心项目，计划总投资 40 亿元，建成后将成为乐清市首座城市综合体。在今年初温州市首次温商回乡投资创业先进评比中，乐清市南存辉、胡成中、王云龙、周荣、叶旭强 5 人榜上有名。

今年是省委省政府实施浙商回归创业创新工程的开局之年，乐清市以实施乐商回归工程为抓手，通过多项举措，搭建乐商创业创新平台，落实各项优惠政策，完善项目推进机制，力促优秀人才回乡、优势企业回归、优质项目回流，截至 10 月底签约项目达 50 个，协议引进资金 503.14 亿元；浙（乐）商回归到位资金 12.87 亿元，完成温州市下达目标任务 91.93%（详见表 2：2012 年全市 50 个签约项目汇总表）。

表 2   2012 年全市 50 个签约项目汇总表

项目牵头单位	业主单位	项目名称	计划总投资（亿元）	项目进展情况
市经信局、招商局	上海创力集团股份有限公司	总部经济园一期	10	启动招商
市旧城改造指挥部	中国土木工程集团有限公司	旧城改造二区五路	17.8	开工建设
市旅游局	东森控股集团	雁荡山旅游综合体	10	取消
	黄卫国	雁荡山影视文化园	50	前期工作
	浙江乐清湾旅游投资有限公司	温州雁荡岛海洋文化旅游园	20	前期工作
市铁路指挥部	浙江省铁路投资集团有限公司	港区铁路专用线	52	前期工作
市水利局	中铁十一局集团有限公司	翁乐围垦	25	前期工作
乐清湾港区管委会	华仪集团	华仪海上风电基地	18	前期工作
	中化国际集团	乐清港储罐和码头	13	取消
	青山控股集团有限公司	青山控股防腐蚀特种薄板	25.4	前期工作
	乐清海螺水泥有限责任公司	海螺水泥	10	开工建设

续表

项目牵头单位	业主单位	项目名称	计划总投资（亿元）	项目进展情况
乐清湾港区管委会	上海慎江阀门有限公司	慎江阀门	5	前期工作
	深圳开拓电子有限公司	深圳开拓电子（乐商创业园）	3	完成土地出让
	浙江博尚电子有限公司	浙江博尚电子（乐商创业园）	2	取消
	浙江特华数控机床有限公司	特华数控机床（乐商创业园）	3	取消
	苏州精实电子科技有限公司	苏州精实电子（乐商创业园）	2.5	完成土地出让
	武汉兴达电子线缆有限公司	武汉兴达电子（乐商创业园）	5	前期工作
	苏州生能电气有限公司	苏州生能电气（乐商创业园）	3.5	完成土地出让
	杭州国光药业有限公司	国光集团（乐商创业园）	3.5	取消
	江苏华富电子有限公司	江苏华富电子（乐商创业园）	3.5	取消
	浙江科泰电气有限公司	科泰电气（乐商创业园）2签	3.5	完成土地出让
	中国中能能源集团	中能能源石油仓储和码头	11.5	前期工作
	上海胜华电缆（集团）有限公司	新材料产业园	10	前期工作
乐成中心城区管委会	乐清市罗马假日大酒店有限公司	罗马假日大酒店	5	完成土地出让、方案设计

续表

项目牵头单位	业主单位	项目名称	计划总投资（亿元）	项目进展情况
乐成中心城区管委会	哈尔滨胜华房地产有限公司	胜华房地产 G-a11 项目	7.96	完成土地出让、方案设计
	万科集团	万科房地产	30	对接洽谈
	中铁十一局集团有限公司	乐商创业园	18	对接洽谈
经济开发区管委会	北京世纪天鼎投资有限公司	北京世纪天鼎化妆品	2.8	前期工作
	北京微特微电机制造有限公司	北京微特微电机	2.8	前期工作
	山西亚佳机电集团有限公司	山西亚佳矿用机器人	2.8	前期工作
	上海索谷电缆集团有限公司	上海索谷智能电缆	2.8	前期工作
	上海华通机电集团有限公司	上海华通机电集团厂房	3	对接洽谈
	浙江今朝电气有限公司（湖州）	浙江今朝电气厂房	2.8	对接洽谈
	武汉长兴电器（集团）发展有限公司	武汉长兴集团厂房	5.18	对接洽谈
	湖北鄂州市银河广场开发有限公司	邻里中心（部分）	1.2	对接洽谈
柳市镇人民政府	北京金开利德国际服装市场有限公司	源良实业退二进三	2.5	前期工作
	河北津文房地产开发有限公司	精益集团退二进三	3.8	前期工作
	北京新世纪秀雅商业管理有限公司	上来桥商贸综合市场	7	前期工作

续表

项目牵头单位	业主单位	项目名称	计划总投资（亿元）	项目进展情况
柳白新城协调办公室	重庆国维定益投资有限公司	高档商住小区	15.5	对接洽谈
	金华市温商投资股份有限公司	柳市城市综合体	13	对接洽谈
	乐清江南酒店控股有限公司	柳市会展中心五星级宾馆	11	对接洽谈
北白象镇人民政府	浙江金茂实业发展有限公司	商业综合体	30	取消
	东莞市乐科电子有限公司	东莞乐科电子电器生产	1.5	前期工作
	苏州新亚电通有限公司	苏州新亚电器厂房	10	对接洽谈
	江西加西亚电子电器有限公司	江西加西亚电子厂房	5	对接洽谈
虹桥镇人民政府	浙江致威电子科技有限公司	浙江致威电子科技厂房	1.5	完成土地出让、方案设计
	青海三榆房地产集团有限公司	乐清湾港城大酒店	5	完成土地出让、方案设计
	北京维盈投资有限公司	高新农业观光园	0.8	前期工作
大荆镇人民政府	乐清市皇都休闲旅游开发有限公司	皇都大酒店	5	前期工作
总计			503.14	

乐商回归创业创新工作的主要做法是：

（一）搭建招商平台，强势吸引乐商回归。建设重大工业项目和服务业项目是推进乐商回归创业创新的主要内容，乐清市通过搭建各种形式的招商平台，签订重大招商选资和乐商回归项目。一是大型会议招商。乐清市通过浙商大会、全省民营经济大会、世界温商大会和乐商回乡创业投资洽谈会等平台，共对外发布 33 个招商引资推介项目，签订 30 个乐商回归和重大招商选资项目，协议引进资金 305.36 亿元。二是重点投资区块招商。今年 5 月 18 日，乐清湾港区对外发布乐商创业园（新型电子信息产业园）招商公告，共受理 64 家企业报名，并组织了工业项目专家评审，最终筛选 53 家企业入驻。三是组织外出招商。今年初以来，乐清市委市政府领导分别带队赴长春、北京、合肥、广州、武汉等地出席乐清商会活动，开展招商引资，号召当地乐商回归创业。今年 6 月 29 日，温州市人民政府在广州市举行温州发展创业创新在粤温籍企业家座谈会暨项目签约仪式，乐清市政府领导进行现场推介，签订了翁乐围垦工程 BT 项目、万科房地产开发建设项目、乐商创业中心项目和智能化电气开关生产及美国 UL 德国 TUV 认可的高端实验室 4 个项目，协议引进资金 76.5 亿元。四是联络处招商。今年初乐清市政府确定在全国各省、直辖市、自治区、单列市设立 34 个乐商回归与引进工作联络处，聘请相关商会会长担任联络处主任。上海市联络处主任张胜飞成功挂牌摘取中心区滨海新区 G-a11 地块住宅项目，并计划投资建设乐清湾港区高科技电缆产业园项目。

（二）健全工作机制，全力推动乐商创业创新。一是强化组织领导。成立了乐清市支持乐商创业创新推进乐清发展工作领导小组，由市长担任组长，分管副市长担任副组长，相关职能部门主要负责人为成员。下设领导小组办公室，办公室设在乐清市招商局（经合办）。二是强化政策扶持。今年2月份，乐清市委、市政府研究出台了《关于鼓励乐商创业创新促进实体经济发展的若干意见》（简称"30条政策"），对实体经济实行效益激励、税收优惠、企业重组、要素保障等10方面激励政策，树立以"亩产论英雄"的实体经济发展理念，为乐清市发展实体经济奠定坚实的政策基础。三是做到上下联动。以《乐清市支持乐商创业创新促进乐清发展目标责任制考核办法实施细则（试行）》文件为依据，各功能区、镇（街道）成立了相应领导小组，确定分管领导和业务科室（人员），力求做到全市上下联动、统一推进，确保完成目标任务。

（三）狠抓项目推进，强力吸引优势资金回流。一是加快项目建设工作力度。乐清市政府出台了《关于加快重大招商选资签约项目建设工作的通知》，对已签约重大招商引资项目，实行市领导挂钩联系制度、联席会议制度、问题抄告制度和督查排名制度。并将签约项目按项目建设周期分为评审阶段、审批阶段、建设阶段和运营阶段，对每个阶段提出具体工作要求。二是严格引资目标考核。出台了《乐清市人民政府办公室关于印发乐清市支持乐商创业创新促进乐清发展工作目标责任制考核办法（试行）》，并纳入考绩法，对各功能区、镇（街道）进行任务分解，下达2012年度乐商回归引进到位资金目标任务

24.5 亿元。三是强化督促检查。今年 9 至 10 月份，刘云峰副市长率队先后到乐成中心城区管委会、乐清经济开发区管委会、乐清湾港区管委会、柳市镇、北白象镇调研督查国内招商选资工作。乐清市招商局也派出三个小组分赴各中心镇、街道开展招商引资工作督查。据督查情况看，尽管各部门负责人高度重视乐商回归创业创新工作，但因宏观经济影响、用地指标紧缺、政策处理困难及部门工作不够到位等原因，50 个签约项目推进速度总体不快，资金到位率不如人意，离目标要求距离较大，攻坚克难任重道远（详见图 1：签约项目推进情况汇总分析）。

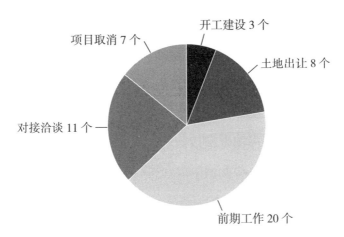

图 1　签约项目推进情况汇总分析

四、乐商回归创业创新的历史机遇

（一）三大战略举措相继实施，体制机制优势更加凸显。一是对接乐清申报设立海峡两岸经济合作试验区。温州市委市政府已批准乐清向上申报国家级海峡两岸经济合作试验区，乐清试验区规划总面积232平方公里，由"一湾五区"组成，即沿136公里海岸线，布局雁荡山山海旅游区、乐清湾港区、乐清滨海新区、乐清经济开发区、柳白新区五大区块，着力打造海峡两岸产业对接融合区、两岸服务贸易与金融业集聚区、民营经济创新示范区和海西北部水铁联运的重要口岸，为乐清发展提供新的平台和空间。二是对接浙江海洋经济示范区战略。浙江发展海洋经济重点在三个区域：宁波、舟山和温州，宁波的资源是港口，舟山的优势在于海岛，而温州的潜力在围垦。当前，乐清正在加快实施总规模8万亩的乐清湾海涂围垦工程，届时将有力破解乐清发展最紧缺的土地和空间要素制约。三是对接国家金融综合改革试验区战略。随着温州金融综合改革试验区的深入发展，乐清将通过金融综合改革，迎来新一轮现代金融业和民间资本市场快速发展，有效破解中小企业多、融资难和民间资金多、投资难的"两多两难"问题，加快构建与地方经济社会发展相匹配的多元化地方金融体系，为金融业发展提供广阔的空间。

（二）产业发展平台加快形成，三大千亿级产业集群正在规划建设。乐清制定了"十二五"工业转型升级规划，明确依托占地39平方公里的柳白新城、占地42平方公里的乐清经济开发区两大平台，启动柳市新城"一城六中心"建设，即中国电器城和会展中心、电器展销中心、商务中心、金融服务中心、国际电工产品采购中心、物流中心建设，启动新型电工电气产业园区建设，全力打造千亿级电工电气产业集群；依托占地62平方公里的乐清湾港区"五园五基地"建设，即乐商创业园、高新技术产业园、循环经济示范园、新兴海洋产业园、高科技电缆产业园和港口物流基地、船舶制造基地、新能源生产基地、风电装备制造基地、海港旅游基地建设，全力打造千亿级现代临港产业集群；依托区域中心城市比较优势，围绕特色产业，认真制定服务业发展空间布局规划，高起点、高标准建设十大现代服务业集聚区，即中国电器城、滨海城市综合体、文化产业集聚区、滨海金融集聚区、南虹广场商贸中心、总部经济园、科技创业中心、港区现代物流园区、雁荡山旅游休闲服务集聚区和虹桥现代商贸城，使之成为业态集聚、生态协调、特色鲜明和吸纳辐射效应强大的服务业产业功能区，全力打造千亿级现代服务业产业集群。

（三）现代化大城市规划铸就，乐清投资建设商机巨大。 按照温州市"1650"大都市规划要求，乐清市专门邀请了全球著名的艾斯弧建筑规划设计咨询公司编制"1+3"城市规划体系，加速拉开"一心两翼"中心城市框架，加快打造面积150平方公里、集聚超百万人口的现代化大城市，努力把乐清打造成为温州最具实力、最富魅力、最有活力的大都市副中心。中心城市核心区重点推进乐成中心城区、滨海新区和乐清经济开发区三区组合发展，加快打造50平方公里的中心城市核心区，使之成为温州大都市的"三生融合"示范区、滨海生态休闲区和高端产业先行区。其中，面积30平方公里的乐清滨海新区为乐清"一心两翼"中心城市的现代服务核心，是集商务、金融、办公、总部、文化、旅游等功能为一体的现代化滨海新城，将重点推进计划总投资314亿元的十大标志性项目建设，即文化中心、体育中心、商贸中心、乐商创业中心、总部经济园、汽车文化公园、城市综合体、超高层建筑、城市快速道、清水公园建设，大力发展城市经济、总部经济，形成现代服务业发展高地。中心城市南翼坚持高起点、高水平统筹规划，重点推进柳白新城建设，加快打造现代商贸集聚区、生态宜居新城示范区和国际电工电气产业城。中心城市北翼坚持港城联动、以港兴城，重点推进虹桥港口新城建设，加快打造临港产业新城和商贸发展集聚区。

（四）实体经济发展政策优惠，政府审批服务不断优化。乐清率先制定出台振兴实体经济"30条政策"，出台《关于加快建设工业强市的实施意见》等系列文件，并制定相关配套实施细则，希望通过政策优势，引进一批对产业升级有巨大带动作用、产业关联度大、科技含量高的项目，推动传统产业的改造提升。同时，为全力促成招商选资项目落地，乐清深入实施"亩产论英雄"专项行动，对亩产效益综合靠前和每个产业亩产效益排名前列的企业给予大力度奖励；对土地利用效率高的企业，优先安排供地，工业企业建筑容积率上限可升至3.2，建筑密度上限可升至55%。对重大招商选资项目，乐清实行行政审批代办制和重大产业项目"一事一议"制度，对计划投资额3000万元以上的项目由项目业主提出申请，交市行政审批代办中心负责办理；对设计产值超10亿元或计划投资超亿元以上的产业项目开辟绿色通道，实行一事一议、特事特办。确保在简政放权中做到"五个凡是"，即：凡是能够集中办理的事项都集中到审批科室或审批窗口办理；凡是可以授权给柳市镇的事项都创造条件拓展到所有镇街；凡是能在社区办理的都彻底放下去；凡是兄弟县市有相应做法的，乐清都可以参照执行；凡是比乐清领先的，乐清都可以学习借鉴。

（五）乐商在外创业实力增强，异地温州商会、乐清商会网络不断完善。 在外乐商群体的优势主要表现在巨额的资本积累、健全的销售网络、丰富的人才资源、浓厚的人脉关系，这都是乐清发展的宝贵资源。尤其是在外乐商群体创造的经济总量相当于乐清本土的经济总量，许多乐商从财富积累看完全具备回归投资创业的实力，从资本运作看无论一产二产三产项目都有实践经验，从经营理念看已是全球视野、国内一流。同时，遍布全国各地的温州商会、乐清商会更是在外乐商的制胜之宝。截至今年 10 月底，全国各地已组建异地温州商会共计 210 家，其中温州商会会长为乐商的比例达 40%，商会副会长、理事为乐商的比例达 60% 以上。同时，组建异地乐清商会 17 家，按成立时间顺序分别是海宁、杭州、广州、桐乡、嘉兴、天津、北京、四川、武汉、绍兴、哈尔滨、昆明、合肥、上海、义乌、贵阳、长春乐清商会，目前各大城市的乐商要求组建异地乐清商会的呼声日益高涨。各异地温州商会、异地乐清商会已成为在外乐商相互沟通交流的平台，获取商业资讯的场所，维护自身利益的组织，促进区域合作的桥梁，实施乐商回归工程的基础。

五、乐商回归创业创新的对策探讨与建议

（一）正视现实，面对挑战，增强实施乐商回归工程艰巨性的认

识。招商引资，从根本上说，就是依靠和运用经济区的经济要素，吸引有投资能力的投资商，刺激其投资欲望，提高其欲望系数，最终促成投资商用投资行为与经济区的经济要素以不同方式结合，产生投资效益。而实施乐商回归工程就是针对在外乐商群体的招商引资工作，换言之，即是以乐清自身的投资环境特色或优势，并通过大量的、富有创造性的劳动，激发在外乐商回归家乡的投资欲望，吸引在外乐商的资金、人才、技术、设备、产品、市场和管理等生产要素，促进乐清经济社会发展的活动。当前，由于领导高度重视，投资环境改善，投资平台增多，舆论宣传扩大，在外乐商积极参与，乐商回归创业创新工作机遇前所未有，同时由于短期内土地要素资源的制约以及其他因素的影响，挑战不容低估。面临的主要困难和问题：一是项目签约多，真正落地少。今年初举办的世界温商大会、乐商回乡创业投资洽谈会上签约的项目，由于土地、能耗、环保等方面的限制，尤其是项目用地指标问题突出，项目招引、推进、落地进度放缓，项目进展效率不够理想，从而影响了乐商回归的心态。二是外地优势大，回归希望小。企业资本的逐利本质，势必会使企业向要素成本低、政策优惠多、发展空间大、配套条件好、经营利润高的地方集聚。许多在外乐商的产业优势、资本优势已真正与当地的比较优势、历史文化相结合，甚至嵌入当地的发展过程。三是用地指标欠账多，外迁企业怨言多。经历前一轮"以民引外，民外合璧"招商引资活动的洗礼，自以为被迫外迁的一些企业怨言颇多。原因是"假外资"引进破坏了乐清企业公平竞争的机制，少数外迁企业失去在乐清发展的信心，以致对当下的乐商回归工作心存疑虑。四是乐商在外享受丰厚社会政治待遇,回归发展的人文关怀有待提高。各地招商引资、亲商留商的浓烈氛围,造成了在外乐商的优越心态,而相对乐清庞大的企业家群体,乐商回归时可能照顾不周,从而造成在外乐商的心理落差,导致其故乡情结的松散、乡情认同的递减。尤其是新生代乐商,他们从小在外学习和成长,对家乡的认同感、回乡探亲的频率和落叶归根的可能性均呈下降趋势。五是工作网络尚未形成,工作机制有待完善。可谓是"考核在省,急在温州,忙在县市,断在镇街"。总之,必须正视现实,树立信心,扬长避短,切实提高乐商回归创业创新工作的针对性和有效性。

(二)改善环境,打造特色,不断增强乐商回归创业创新的吸引力。好的投资环境本身就是商机,对投资商的投资具有显著的吸引力。投资环境可分为"硬环境"和"软环境",前者是影响投资活动的外部物质技术条件,后者是指能够影响项目投资运行的社会因素和人文因素(详见表3:投资环境的体系构成)。

表3　投资环境的体系构成

投资环境体系		构成要素
硬环境	区域环境 (整体资源)	区位
		自然条件与自然资源
		工、农、矿业基础
		文化、教育、卫生、科研基础
		劳动力数量与质量
		旅游资源

续表

投资环境体系		构成要素
硬环境	基础设施	交通设施（铁路、公路、水路、航运）
		通讯设施（邮政、广播、电视、电话、互联网）
		能源（煤、电、水、气、燃料供应）
		原材料供应系统
		金融和信息服务设施
		生活服务设施（住房、娱乐、饮食）
		文化、教育、卫生、科研设施
软环境	社会政治环境	政局稳定性
		政策透明度和连续性
		对外政策
		战争风险
	法律环境	法律完备性
		法制稳定性
		执法公正性
	经济环境	经济发展状况
		对外开放度
		产业、消费、财政、金融和对外开政策
		市场容量
		市场体系
		资金筹措、投资成本、经营成本
		汇率、税率
		生产要素供应
		技术与管理水平
	文化环境	群体风俗、习惯、宗教信仰
		群体价值观念
	社会服务环境	政府机关办事效率
		投资、生活及配套服务条件
	治安环境	社会秩序状况

同时，一个富有特色的经济区，在招商引资中必然占据较强的招商比较优势，而招商比较优势是吸引投资商投资的重要方面。由此可见，不断打造经济区的特色，形成招商比较优势，是增强经济区招商吸引力的有效途径（详见表4：经济区特色与招商比较优势）。

表4 经济区特色与招商比较优势

特　　色	招商比较优势
区位突出	经济区占据有利的地理条件，其项目开发与市场距离近，市场发达，资源便利，经济水平高，如我国沿海地区和省会所在地，对诸多投资商具有突出的吸引力
自然资源丰富	经济区占据天然的环境要素，其矿产资源、旅游资源丰富，对从事矿产、旅游项目开发的投资商具有独特的吸引力
基础设施完善	经济区基础设施完善，其交通、通信、能源条件好，能降低项目投资成本，增加项目投资效益，对诸多投资商具有极大的吸引力
科技、人才富集	经济区拥有较多的科技成果和高素质的科技人才，即具有高附加值产业或生产环节项目开发的基础，对从事项目投资，尤其是高新技术项目投资的投资商具有显著的吸引力
产业发达	经济区产业突出，尤其是主导产业独树一帜，其产业和产业链的开发必然蕴藏着巨大的商机，对诸多投资商具有强劲的吸引力
管理规范	经济区管理规范，其服务体系和市场体系健全，政府工作人员廉洁务实，办事效率高，群体素质好，社会秩序稳定，对诸多投资商具有持久的吸引力
规划科学	经济区在产业、城建、交通和经济发展目标等诸多方面规划科学，即经济区布局合理，发展目标明确，实施步骤具体，对诸多投资商具有很大的吸引力

续表

特　　色	招商比较优势
政策优惠	经济区在不折不扣执行国家利用外资优惠政策的同时，结合自身条件和管理权限，出台一些有利于吸引投资商的招商优惠政策。如在土地使用、规费收取、资源供应上给予优惠，对诸多投资商具有一定的吸引力
机制灵活	经济区能注重招商运作机制创新，如对项目投资实行特事特办、"一站式"审批、全程服务代理、领导责任制、服务热线、投诉专线、经济和物资奖励、挂牌保护等一系列措施，对诸多投资商具有较大的吸引力

基于上述观点，乐清市委市政府着力改善投资环境，不断打造特色优势，可谓对症下药、适逢其时。同时，建议乐清市委市政府树立"规划是城市灵魂"的理念，以"中国乐清、世界雁荡"的目标定位，规划好乐清的山山水水，并持之以恒按规划建设，让当代乐商为之震撼而投资，让后代乐商为之自豪而回归；建议市相关部门（单位）对照招商引资环境体系指标和特色要素，加大力度，扎实工作，使乐清成为乐商回归施展才华的舞台、成就事业的沃土、温馨生活的家园。

（三）乡情感召，亲情吸引，把在外乐商的爱乡情结转化为回归创业投资的实际行动。相关理论指出，投资商的投资需求，是投资商为满足其投资目的而想要获得到所需的经济区项目的具有投资能力的欲望。投资商的投资需求或欲望通过其各种各样的投资行为来体现。投资商的投资行为是投资商在一定的投资欲望支配下，为满足各种需要而投资具体项目的行为。而投资商投资行为的形成是一个复杂的、受一系列相关因素影响的连续过程（详见图2：投资行为的形成过程）。

图2　投资行为的形成过程

同时，从投资动机到投资行为的产生，受诸多因素的影响，包括经济因素、社会因素和心理因素。而投资商需求心理因素对投资商的投资动机和行为的影响也是相当大的，并且这种作用是基础性的，有学者（主要以 A.H.Waslow 为代表）以心理学需求理论结合投资学原理，提出了投资商需求的层次差别体系（详见图3：投资商需求层次体系）。

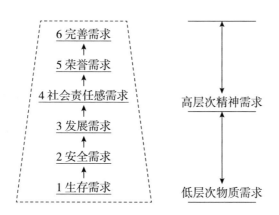

图3　投资商需求层次体系

投资商需求层次由低到高依次为以下六个方面：**生存需求**，指投资商为了求得企业延续和投资新办企业的最低基本要求，这种需求是任何投资商所共同的需求，也是最低层次和最容易得到的最基本的需求。**安全需求**，指投资商为了避免和抗衡来自因社会、政府、市场和经营等方面的变化，给企业造成不良冲击的可预计或不可预计的各种风险的需求，这种需求伴随着企业的成长过程。**发展需求**，指投资商为了求得新旧企业在数量上扩大规模和质量上提高层次的要求，这种需求是任何投资商所共同的需求，也是在满足了生存需求和安全需求等最基本需求的基础上，所产生的进一步的物质需求。**社会责任感需求**，指投资商希望投资那些有良好道德理念的项目（或公司），求得不仅在经济意义上获利，而且在社会生态环境保护上有所贡献的需求，这种需求是任何投资商由低层次物质需求向高层次精神需求转变的过渡需求，是承担一定社会责任的体现。**荣誉需求**，指投资商总是希望满足自尊，总是希望通过自己的投资行为和投资方式受到社会的尊敬，希望在经济财力、道德标准和经营成就等方面受到社会的好评、得到社会的承认。这种需求的产生和满足，可以使投资商自信、自尊、自爱、奋发向上，也是投资商在高层次精神需求方面的通常表现。**完善需求**，指投资商对于获得某种成就，实现某种投资理想，实现其理想，而愿意不惜代价、奉献和牺牲其毕生所付出的需求。这种需求是投资商在高层次精神需求方面的潜意识的表现，但只有极少数投资商能够为满足这种需求而努力。

因此，笔者感悟，温州市委市政府《关于进一步加强异地温州商会建设的实施意见》（温委发〔2012〕81号）、乐清市委市政府《关于进一步加强异地乐清商会建设的实施意见》（乐委发〔2012〕93号）规定的各项举措，尤其是加强对商会的工作指导、搭建交流沟通平台、健全联系商会工作制度、拓展参政议政渠道、发挥商会新功能、建立评价激励机制，富有人文关怀而显得十分温暖，也可谓是实施乐商回归工程的基础工作。同时，可见在外乐商关注家乡、抱怨家乡，是乡情乡缘的流露；不计条件、回归投资，是报效桑梓、落叶归根的真实情感（精神需求）。建议加大在外商会、在外乐商工作力度，切实抓好联络平台建设，发挥其乡情亲情传递、相互通报情况、项目动态交流、市场信息交换、商业营销联动、乐清文化传播的作用，建立完善情况相通、信息共享、项目联动、有难互帮的机制，努力实现内外乐清人融合互动发展；在实施乐商回归工程中，必须掌握在外乐商需求层次和需求倾向，设计多种载体，从细微之处入手，以乡情感化，达到事半功倍的效果。

（四）明确目标，开辟路径，提高乐商回归创业创新的贡献度。根据乐商的资源优势，围绕乐清"大投资、大平台、大转型、大发展"的目标要求，乐清市委市政府提出了乐商回归创业创新的具体路径：一是要积极投资家乡建设，特别是在投资基础设施、新农村建设、农房改造集聚建设等领域和发展战略性新兴产业、先进制造业、现代服务业等产业领域发挥更大作用。在投资方式上，也可以商会的名义或多名企业家组建投资公司，参与家乡建设。二是要大力发展总部经济，为把乐清打造成乐商的总部、民营企业的总部发挥更大作用。三是要利用广泛的人脉资源，更多地引进世界 500 强、中国 500 强、央企、国内外著名高校科研院所，以及各行业世界前沿的先进技术和高端人才，为促进乐清经济转型升级发挥更大作用。四是要携手本土企业，共建市场营销网络，为乐清产品拓展国内外市场发挥更大作用。五是要把履行社会责任、回报反哺社会作为一种使命、一种责任，大力弘扬中华传统美德，扶贫济困，造福桑梓，继续在解决就业、做大财富

"蛋糕"、促进经济发展等方面发挥更大作用。按照省委省政府实施浙商回归创业创新工作贡献度评价的原则要求，建议以有效投资贡献度、经济转型升级贡献度、社会事业发展贡献度、要素资源保障贡献度为依据，制定乐商回归创业创新贡献度考核标准，科学评定乐商回归创业创新对乐清的贡献，大力表彰回归创业创新的先进乐商，促使乐清经济与乐清人经济更好地融合发展，为乐清科学发展继续走在温州前列注入强大的动力和活力。同时，针对乐清土地资源短期紧缺、乐清回归投资现代服务业兴趣浓厚、乐清国有集体企业（包括国有工商业、供销合作社、二轻企业）改制滞后的实际状况，建议乐清市委市政府出台优惠政策，引导乐商回归参与盘活存量国有集体资产，多方位推进乐清经济社会又好又快、协调和谐发展。

（五）突出重点，细化政策，着力把乐清总部经济园打造成为乐商回归创业创新的"孵化器"。乐清总部经济园位于乐清市中心区滨海新区的核心地段，而滨海新区是乐清正在建设之中的中央商务区（CBD），故它必将成为城市产业发展的商务制高点和现代服务业发展的高端平台。乐清总部经济园规划总占地 270.98 亩，计划总投资 58 亿元，建筑面积 86.8 万平方米。其中乐清总部经济园项目一期工程，占地 100 亩，地上建筑面积 23 万平方米，地下建筑面积 9 万平方米，计划总投资 18.9 亿元，由国投公司负责垫资建设，将于 2013 年底竣工。根据规划要求，总部经济园将采取"留住一批，唤回一批，招引一批"的办法，发展具有乐清特色的总部经济，把乐清总部经济园建成国际性特色产业集群总部的乐园、商务集聚的都会、现代服务的高地。

总部经济作为发展区域经济的一种崭新形态，倍受各地关注，企业青睐。据笔者分析，乐清总部经济园具有"六大优势"：一是区域优势。乐清是温州民营经济的主要发祥地，民营经济发达，民间资金充裕，楼宇经济刚刚起步。二是地段优势。乐清总部经济园位于乐清市滨海片区中央商务（CBD）的核心地段，属乐清发展不可多得的宝贵资源。三是产业优势。乐清市是中国电气之都，具有10多张国家级产业金名片，产业集聚优势明显，许多中小企业实力比较雄厚，现代服务业方兴未艾。四是成本优势。市委市政府已经研究决定按成本价出让总部经济园楼宇，总部楼宇价格仅为乐清高档公寓价格的三分之一，商务成本也会因配套服务提升而降低。五是政策优势。《乐清总部经济园企业进驻规定（试行）》明确了入园条件、进驻流程、纳税标准、退出机制和奖励政策，政策透明公开，公正公平。六是人脉优势。乐商是乐清发展的核心竞争力，内外乐商的人脉优势是巨大的潜在生产力。仅以30多万计10万户在外乐商而言，或许有大部分乡情不变、乡音未改，"树高千丈，落叶归根"，乐清总部经济园若能集聚"在外乐商"这一独特资源，必将成为乐商老一代回归创业的家、乐商新生代创业创新的乐园。因此，建议乐清市决策层高瞻远瞩，由国投公司开发并经营总部经济园，采取差别化政策，进一步加强有效推介，恭候包括在外乐商在内的各路商贾入驻，吸引有利于现有产业集群向"微笑曲线"两端延伸的非生产性项目入驻，以期真正达到预定目标。

（六）强化领导，完善机制，深入实施以乐商回归创业创新为突

破口的招商引资"一把手"工程。今年 7 月下旬温州市下发了《中共温州市委温州市人民政府关于进一步做好招商引资工作的意见》（温委发〔2012〕88 号），明确指出招商引资要以温商回归创业创新为突破口，坚持把招商引资作为"一把手"工程；9 月底又出台《中共温州市委办公室温州市人民政府办公室关于印发温委发〔2012〕88 号配套文件的通知》（温委办发〔2012〕131 号），印发了《进一步加强功能区中心镇招商引资工作的指导意见》《温州市招商引资项目管理办法（试行）》和《2012 年度县（市、区）、中心镇和全国各地温州商会联络处招商引资考核奖励办法》等 5 个配套文件，工作力度之大，发文频率之高，前所未有。学习贯彻文件精神，结合乐清实际，笔者建议如下：一是强化领导机制。将乐清市支持乐商创业创新推进乐清发展工作领导小组更名，组建成为乐清市招商引资工作领导小组，健全完善市四套班子领导联系招商引资地域区块、产业领域、对口商会、重点企业和重大项目制度；各功能区、镇（街道办事处）要设立专门的招商引资工作部门，主要负责人亲自"挂帅"，分管负责人全力靠前指挥，强化招商引资的各项保障。二是强化考核机制。乐清市招商引资工作领导小组办公室、市考绩办要制定针对各功能区、镇（街道办事处）的考绩法；制定针对相关职能部门支持配合招商引资工作的考核办法；建立投诉处置机制，将客商投诉与处置纳入功能区、镇（街道办事处）和职能部门的考核之中。三是强化协作机制。市有关职能部门要立足各自职能，为功能区、镇（街道办事处）招商引资做好要素保障、配套问题解决等服务工作。市招商引资工作领导小组要定期组织相关单位研究解决各功能区、镇（街道办事处）提交的在招商引资过程中涉及的需要跨区镇协调、需要多部门合作、需要突破性政策的一系列问题。四是建立投诉和督查机制。建立市招商引资投诉和督查机制，市招商引资工作领导小组要认真对待包括回归乐商在内的所有投资者的投诉和意见建议，及时依法调处投诉案件和纠纷，做到投诉处理回复率达100%。严肃查处故意刁难投资者、吃拿卡要、勒索企业等违法违纪行为。同时，要认真梳理近年来已签约但未落地的招商引资项目，区分情况，明确责任，限期落实，强化对重大招商引资项目的督办工作。

参考文献

［1］陆立军，王祖强.浙江模式：政治经济学视角的观察与思考［M］.北京：人民出版社，2007.

［2］李薇薇，胡向荣.招商引资运作方略［M］.长沙：湖南大学出版社，2003.

［3］乐清市统计局.2010年乐清人口发展报告［M］.温州：乐清市统计局内部资料，2012.

［4］潘孝政.在全国乐清商会第四次联谊会暨乐商回归投资创业创新研讨会上的讲话［R］.温州：中共乐清市委办公室内部资料，2012.

［5］刘云峰.省支持浙商创业创新促进浙江发展督查组来乐督查汇报发言［R］.温州：乐清市人民政府办公室内部资料，2012.

［6］朱迁进，陈明乾，周建海，陈旭明.在外乐清人投资创业情况调研报告［J］.温州：中共乐清市委政研室《领导参阅》，2004.

［7］陈明乾.乐清人经济和乐清经济互动发展的调查与思考［J］.温州：中共乐清市委政策研室2009年度乐清市党政系统优秀调研成果汇编，2010.

（本文获2012年度乐清市政府系统立项课题优秀成果奖）

从欧洲看乐清

——赴荷兰德国瑞士考察报告

（2013 年 10 月）

　　为进一步推动乐清市开放型经济发展，应荷兰国家贸促中心（商贸促进会）、德国弗里堡地区经济促进局和瑞士蒙特勒市政府的邀请，笔者参加乐清市政协经贸考察团，即由乐清市政协副主席万昌春率北白象镇镇长郑义、市招商局副局长陈明乾、市审计局副局长袁杰一行4 人，于 2013 年 10 月 13 日至 22 日赴荷兰、德国和瑞士开展投资促进考察工作。现报告如下：

一、考察情况的分享

　　（一）荷兰。荷兰国土面积 41526 平方公里，人口 1627 万，首都阿姆斯特丹，政体是君主立宪制。荷兰位于欧洲西部，西、北两面濒临北海，东连德国，南邻比利时，素有"欧洲门户""风车王国""花卉之国"等美称。属海洋性气候，1 月平均气温 1.7℃，7 月平均气温 17℃，年平均降水量 700 毫米。荷兰经济发达，是西方十大经济强国之一。工业产品在国际市场上有较强的竞争力，主要工业部门是炼油、电器、化工、造船、食品加工等。鹿特丹是欧洲最大的炼油中心，也是第一大港口，造船业在世界上占有一席之地。农业人口中一半人从事畜牧业，其余从事园艺业、蔬菜和育种业。荷兰海运业发达，是世界上主要海运国之一。

荷兰国家贸促中心亚洲总管 Zhang Eileen 向考察团介绍，虽然荷兰的首都在阿姆斯特丹，但实际上，荷兰许多政府部门设在海牙，包括王室成员也长期居住、生活在海牙。因此可以说，阿姆斯特是荷兰的金融、文化中心，海牙是荷兰的政治中心，鹿特丹是荷兰的经济中心。

Zhang Eileen 介绍，荷兰是许多跨国公司的故乡，这些跨国公司支撑着荷兰的经济。壳牌石油、飞利浦、联合利华、帝斯曼以及阿克苏诺贝尔都是在荷兰创业的全球领先的跨国公司。

Zhang Eileen 向考察团介绍，荷兰国家贸促中心（NCH）成立于1946 年，是荷兰规模最大、资格最老的半政府性质的贸易促进组织。在 67 年当中，NCH 已经建立了 36 家分会，覆盖亚洲、东欧、北非、南美、以及中东，在荷兰具有一定的影响力和良好的声誉。NCH 为荷兰各部委、各省市政府部门、各行会商会以及全荷兰 5000 多家各行各业的大中小型企业组织各种考察团，以及大型的交流与配对活动。NCH 下属的中国商会，是荷兰最大的中国商会，服务 6000 余名荷兰企业家。商会主席及董事来自荷兰经贸部、外交部、荷兰雇主协会、工商局、大银行以及著名企业的总裁或高级专员，他们为促进中荷商贸交流起到关键作用。2009 年伊始，荷兰国家贸促中心就开始关注中国银发市场，并建立了相当的人脉资源和知识基础。和其他荷兰组织不同，他们了解中国市场，了解中国企业的需求和困惑，他们能够把荷兰模式中适合中国市场的元素抽出，而不是生搬硬套。

Zhang Eileen 特别向考察团介绍了荷兰养老产业。荷兰以其濒临北海，位居莱茵河、玛斯河、希尔德河西欧三大合川的出海口，因此自古以来就是世界商业和贸易往来的必经之地。荷兰总人口约 1600 万人，最大城市阿姆斯特丹是荷兰的首都以及金融和文化中心，荷兰连续数年位居世界十大最具竞争力国家、世界十大最幸福的国家和世界十大最富有的国家之列，同时也位居世界十大最适合养老的国家之列。荷兰的养老产业走在世界前列，荷兰鹿特丹的生命公寓排名为全球养老机构第一。因此，该产业与中国、乐清合作的可能和空间很大，希望考察团予以关注。

（二）德国。德国位于欧洲中部，濒临北海和波罗的海，北接丹麦，东邻波兰、捷克，南接奥地利、瑞士，西接荷兰、比利时、卢森堡、法国，是欧洲邻国最多的国家。德国面积 357093 平方公里，人口 8221.8 万。西北部为海洋性气候，往东往南逐渐向大陆性气候过渡。平均气温 1 月份为 -5℃ 至 1℃，7 月份为 14~19℃，年降水量 500~1000 毫米，山地地区降水更多。德国是一个高度发达的工业国家，经济实力居欧洲首位。

在德国弗里堡地区经济促进局接待室，D.Norbert Euba 博士通过该局中国事务部毛亚镭先生翻译，首先向考察团介绍了德国的历史和

"莱茵河文明"。德国的著名河流——莱茵河，是德国的母亲河，她是推动德国历史文明进程的生命之河。尽管莱茵河对于德国如此重要，它的发源地却在瑞士阿尔卑斯山麓，流经法国边境后，从南到北贯穿德国领土，再经荷兰流入北海，全长 1320 公里。虽然莱茵河不是发源于德国，最终也流出德国，但是莱茵河最重要的自然美景和历史人文遗迹却都在德国境内。莱茵河美如其名，不仅沿途景致独步于世，浪漫的神话传说更是不胜枚举。河畔的古城遗址、古堡景致、葡萄酒庄、峭壁山岩等，塑造出莱茵河的万种风情！

D.Norbert Euba 博士也向考察团介绍了德国人最津津乐道的众多发明创造。从铅印至啤酒，还有灯泡、电话、咖啡过滤杯、有轨电车、摩托车、汽车、X 射线技术、阿司匹林、婴儿奶嘴、扫描仪、保温瓶、牙膏、小型照相机、录音磁带、电视机、磁悬浮列车、喷气式发动机、直升飞机、核裂变、避孕药、安全气囊、MP3 文档、不含氟里昂的电冰箱，等等。

D.Norbert Euba 博士介绍，德国是世界汽车工业的摇篮，是全世界汽车的故乡。120 多年前，当第一辆非人力驱动的三轮车诞生时，人们没有想到，汽车会在如此大的程度上改变人类的生活。这个震撼世界的传奇，正是从德国南部巴登·符滕堡州首府斯图加特市起源的。今天它依然是德国汽车工业的圣地，名满全球的奔驰和保时捷总部所在地。可以说，没有斯图加特就没有今日的汽车世界。在 1883 年，斯图加特工程师戈特里伯·戴姆勒（Gottilieb Daimler）发明了世界上第一台汽油马达，为汽车的问世奠定了基石。1886 年 1 月 29 日，工程师卡尔·奔驰（Carl Benz）在曼海姆注册了第一辆马达驱动三轮车的专利，这一天被德国人视为汽车诞生日。同年秋天，戴姆勒在斯图加特推出了世界上第一辆四轮马达驱动车。从此，这两位汽车业的鼻祖，各自在当地建立了造车厂，展开了激烈竞争，推动了摩托车、赛车、卡车和公交车等各种车型的开发和生产，确立了德国汽车工业的世界领袖地位。1900 年，戴姆勒在他的主要汽车经销商梅赛德斯（Mercedes）建议下，开发了 Mercedes 35 PS 型赛车。这款车的造型和技术已经接近如今的小轿车，给汽车工业带来新一轮革命。第一次世界大战结束后，为了应对席卷全球的经济萧条，1926 年戴姆勒和奔驰两家汽车厂合并为戴姆勒汽车公司，总部设在斯图加特，正式推出梅赛德斯 - 奔驰（Mercedes-Benz）品牌，开始采用今天为人们所熟悉的奔驰星状标记。

另一位和斯图加特紧密相连的汽车业传奇人物是费迪南德·保时捷（Ferdinand Porsche），他是目前世界上最赚钱的跑车——保时捷的创始人。这位汽车奇才在 1899 年 24 岁时就发明了电动汽车，后来成为了戴姆勒公司的技术总监。他设计了多款具有划时代意义的新车，如奔驰 S、SS 和 SSK 超级增压赛车，横扫车坛拿下无数冠军。1931 年费迪南德在斯图加特成立了自己的设计室。1937 年大众汽车在德国中部汉诺威附近的沃尔夫斯堡建厂，费迪南德出任总工程师，把斯图加特的自家公司交给儿子费里打点，1947 年费里正式成为保时捷总裁。其自行研制的第一部汽车是在 1948 年面世的保时捷 356，它拥有轻巧的车身，风阻系数低，操纵灵活，使用后置风冷发动机，这也是日后保时捷跑车的基本特性。

考察团感叹"德国制造"的完美。那么，这是如何造就的呢？D.Norbert Euba 博士向考察团提供了答案，即三大要素促成了"德国制造"的响亮品牌。一是德国人有一种长期养成的办事认真、讲究科学，甚至一丝不苟的工作作风。二是德国人有一种追求完善、精益求精、不断创新的精神。他们不满足于现状。德国伟大诗人歌德在《浮士德》中就歌颂了这种不断追求的民族精神。主人公浮士德与魔鬼靡菲斯陀签了一个协议，规定靡菲斯陀借助于魔术为浮士德服务，只要浮士德不断有追求的欲望，靡菲斯陀就帮助他实现其追求，但一旦浮士德表现出满足于现状，协议就立即终止，浮士德就变成魔鬼的奴隶。这个故事的实质就是要告诉人们，人总要不断地追求更美好、更完善的生活，否则其生命就将终止。三是德国有一套保证工艺高超的职业培训制度。除了普通大学里注重独立思考，培养学生的操作能力之外，更重要的是实行一套"双元制"职业教育制度，强调理论与实践结合。学员一半时间学理论，一半时间到工厂实习。这种"双元制"职业教育制度保证了德国拥有大量掌握熟练技术的工人，而这些技工的工艺水平是德国产品的质量保证。

那么，德国"双元制"职业教育制度又是如何形成发展的呢？D.Norbert Euba 博士介绍，"双元制"职业教育模式，其前身是起源于中世纪的手工业培训，即按照学徒—满师徒工—师傅这三个层次培养，以便维护皇家利益。19 世纪初，由手工业协会向工匠师颁发的"大资格证书"成为德国职业培训"双元制"——企业培训一元的基础；尔后对手工业者培训强制实行统一的新方式——学校与企业紧密结合，既能扶助中产阶级，又能提供平民培训，这使得进修学校成为"双元制"培训模式的第二根支柱。到了 20 世纪初，德国通过了为手工业行会的立法，刺激了职业培训。20 世纪 20 年代至 30 年代，受到"科学管理"思想影响，德国技术工人培训逐步展开，"专业工人"（Facharbeiten）概念的引进，产生了新的资格培训类型，这就是后来"双元制"体系构成的主要部分。1937 年"职业学校"（Berufsschulen）这一标准名字被使用，中央政府开始组织企业内培训，学校也被强制使用标准课程。1938 年学生参加职业学校的学习变成了全国性的义务教育，1940 年职业学校的培训形成了法律。1969 年德国《职业教育法》颁布实施。20 世纪 70 年代初期，政府建立了联邦职业培训研究所并颁布了正式承认的培训职业名称。20 世纪 80 年代以后，德国从学徒工培训到中等、高等职业教育以及在职培训已形成一个比较完整的体系，各州、市形成了一个严密的职业教育网，从而使德国在普及职业教育方面处于领先地位。目前，"双元制"职业教育已扩展到德国高等教育领域，即大学生入学前需和企业签定雇用合同，然后到学院报名，以职员和学生的"双元"身份，分别在培训企业和职业学院这两个"双元"结构机构中边实践边完成学业，一般专业性强的职业学制为 3.5 年。从法律上规定了各个职业在企业中的培训要求，企业要获取员工必须与学院、学生签订雇用培训合同，同样学生要就业也必须接受双元制职业教育。

（三）瑞士。瑞士是位于欧洲中南部的多山内陆国，四周为其他国家包围，东与奥地利、列支敦士登接壤，南邻意大利，西接法国，北连德国，被称为"欧洲十字路口"。面积 41293 平方公里，人口 740 万，首都是伯尔尼，总共有 26 个州。瑞士是一个山国，山清水秀。瑞士也是欧洲大陆三大河流的发源地，有"欧洲水塔"之称。瑞士地处北温带，地域虽小，但各地气候差异比较大，阿尔卑斯山由东向西伸展，形成了瑞士气候的分界线。阿尔卑斯山以北受温和潮湿的西欧海洋性气候和冬寒夏热的东欧大陆性气候的交替影响，变化较大；阿尔卑斯山以南则属地中海气候，全年气候宜人。瑞士年平均气温为 8.6℃。作为广为人知的永久中立国，瑞士在 2008 年 12 月 12 日跨出历史性的一步，正式成为申根大家庭的一员，与它周边的 24 个申根国家实现人员的自由流动，从而结束了被申根国家包围的孤岛状态。

瑞士是一个高度发达的资本主义工业国，是世界金融中心。瑞士实行自由经济政策，政府尽量减少干预，对外主张自由贸易，反对贸易保护主义政策。接待考察团的蒙特勒市市长罗朗·威利（Laurent Wehrli）介绍，瑞士经济发展有三大支柱：一是技术精湛的工业部门。瑞士资源短缺，工业门类不齐，但化工、医药、食品加工、纺织业等产业在国际市场具有很强的竞争力。如机械方面，瑞士有许多世界一流或尖端的产品用于飞机、导弹和卫星的万能光电自动跟踪经纬仪、高空测量仪器，用于复杂医疗手术的精密显微镜，有世界独一无二的瑞士钟表，等等；食品工业，有本行业最大的跨国公司——雀巢公司。二是高度发达的金融业。瑞士作为永久中立国，加上严密的金融保密法律制度，深得世界各国公民的信赖，瑞士银行如同瑞士手表一样闻名。瑞士的银行机构（包括分支行）近5000家，平均1300位居民就有一家，居西方国家之首。瑞士联合银行、瑞士银行公司、瑞士信贷银行、瑞士人民银行和苏黎世银行，都是年营业额为百亿或数百亿法朗以上的银行。在五家银行之外，还有40多家全国性的商业银行，近百家外国银行以及为数众多的州立银行和地方银行。大、中、小型银行的网络，像毛细血管一样，渗透到国民经济的各个细胞之中，为国民经济的灵活运转融通资金，又把国民经济的各个部分紧紧地联结在世界经济这个有机体上。长期以来，瑞士的黄金、外汇储备充足，瑞士法朗是"硬通货"，在国际金融市场发生动荡的时候，瑞士法朗往往是人民抢购的对象。近年来，随着欧元市场的形成和发展，瑞士的国际金融中心的地位和作用进一步加强。苏黎世、巴塞尔、日内瓦是瑞士的三大证券交易的所在地。其中，西欧70%的证券交易在苏黎世进行，是仅次于伦敦和纽约的证券交易所，居世界第三位。苏黎世还是世界最大的黄金市场。三是理想旅游胜地造就的旅游经济。瑞士的旅游业是仅次于工业、金融业的第三大外汇收入部门。瑞士山清水秀，气候宜人，素有"世界花园"的称号，境内峰峦起伏，河谷纵横，湖泊棋布，冰川有140个，景象雄伟壮观。瑞士的每条河几乎都有瀑布，飞流直下，气势磅礴，还有日内瓦湖的喷泉、日内瓦和洛桑的"花钟"、提契诺的南国风光、格劳宾登的春花和冬雪，皆为美景。至今仍具中世纪风貌的首都伯尔尼，以及国际名城日内瓦，更有许多名胜古迹。由于瑞士长期奉行中立政策，积极参与国际事务，有100多个国际组织或其分支机构设在这里，每年的国际会议达5000多个会议日，从而也促进了旅游业的发展。

市长罗朗·威利先生介绍，蒙特勒市是日内瓦湖畔的一颗明珠，在旅游度假开发方面有非常悠久的历史，蒙特勒市重视环境保护和基础设施建设，并发挥特色旅游优势。特别是近年来的医疗美容旅游成为瑞士蒙特勒的金字招牌，这些经营管理模式都可以为中国、乐清方面借鉴利用。考察团成员走在秋日阳光下的蒙特勒市街头，眺望阿尔卑斯山山顶的皑皑白雪，凝视日内瓦湖水面上的粼粼波光，顿感心旷神怡，又觉思绪万千！

二、考察成果与收获

（一）分别与荷兰国家贸促中心、瑞士蒙特勒市签署了合作意向书。

考察团与荷兰国家贸促中心签署的合作意向书全文如下：

意　向　书

2013 年 10 月 15 日，荷兰国家贸易促进中心（荷兰贸促会）负责人 Eileen Zhang（张畅）与到访的中国浙江省乐清市政协副主席万昌春先生一行 4 人进行会谈，双方达成以下合作意向与建议，现记录如下：

一、双方就荷兰养老产业引入乐清颇感兴趣，荷兰贸促会有养老产业标准、管理、人才优势，乐清有养老产业发展需求和创新发展意愿，故双方有意向进一步洽谈并促成合作。

二、双方有意为乐清企业进入荷兰乃至欧盟牵线搭桥，如为乐清企业产品营销、对外投资发展等提供方便，双方愿意为此进一步努力。

三、荷兰贸促会愿与乐清方面（乐清市外侨办）合作，为乐清市党政干部及企业界人士赴荷兰乃至欧盟考察、投资提供服务。

荷兰贸促会：Eileen zhang   乐清市考察团：万昌春

2013 年 10 月 15 日于荷兰海牙

考察团与瑞士蒙特勒市签署的合作意向书全文如下：

意 向 书

2013 年 10 月 21 日瑞士蒙特勒市市政官 L.wehrli 与应邀到访的中国浙江省乐清市政协副主席万昌春进行友好会谈，双方达成以下合作意向：

一、通过相互介绍，双方对对方的产业发展、旅游事业感兴趣，愿意今后进一步讨论合作的可能。

二、根据蒙特勒市生物医药、医疗旅游产业高度发达的实际，乐清方面希望介绍游客前来疗养、美容保养，蒙特勒市愿为此提供方便。

三、乐清方面希望与蒙特勒市缔结友好城市，蒙特勒市方面表示欢迎，愿意为此努力，按有关程序予以推进。

瑞士蒙特勒市市长：L.wehrli　　　　　乐清市考察团：万昌春

2013 年 10 月 21 日瑞士蒙特勒市

（二）获得了"荷兰养老模式"先进项目引进信息。荷兰是世界上养老产业最发达的国家之一。荷兰人花了数百年的时间去研究和优化各种要素，最终发展成了"荷兰养老模式"。荷兰模式是世界上效率最高也是最先进的模式之一。美国总统奥巴马曾说："我们要学习荷兰在养老方面的高效率。"荷兰每年要接待来自澳大利亚、日本等地的同仁，他们来学习的目的就是想看看荷兰在这个领域又有什么新思路。荷兰模式的关键词在于：优化资源、成本可控和盈利的可计算性。一个养老项目看似复杂，但依照这个思路，每个资源得以最大化，让流程标准化，从而保证盈利。目前在中国、乐清随着人口老龄化进程的逐步加快，发展养老产业正当其时，我们对荷兰国家贸促中心提交的给乐清市政府的养老产业方案深表赞赏，值得重视。

（三）体验到欧盟投资促进、招商引资和审计工作的相关制度。考察团通过拜访荷兰国家贸促中心、德国弗里堡地区经济促进局、工商会、审计局，参观当地企业，了解当地投资环境和投资政策，体验到欧洲投资促进、招商引资工作都必须在欧盟相关框架下进行，有关规定都不能以影响市场自由竞争为前提。各类企业进入欧盟若需投资促进（如申请发放补贴、减免税等），都必须在欧盟审查许可下以不影响市场自由竞争为前提，凡影响、妨碍市场自由竞争的措施都须取消。德国实施审计公告制度、审计风险管理控制和审计监督工作制度，真正体现对纳税人、私营业主负责。同时，每到一地，考察团都奉送中国乐清画册和乐清投资指南，推介乐清投资环境和投资项目，积极为企业寻找投资合作机会牵线搭桥。

三、考察启示与建议

（一）学习借鉴"荷兰养老模式"，积极发展乐清养老产业。随着老龄化人口规模的快速膨胀，养老问题成为事关公平与稳定的重大社会问题；同时随着财富阶层的增加，在外经营人员的增加，敬老养老的多样性需求突出。荷兰国家贸促中心《给乐清市政府养老方面的建议》目标明确，思路清晰，值得借鉴。建议市委市政府及相关部门予以专题研究，适时组团深入考察"荷兰养老模式"。

（二）充分发挥乐清产业特色优势，着力培育跨国公司和国际品牌。从荷兰、德国、瑞士三国考察情况看，他们无不以跨国公司与国际品牌支撑国民经济。荷兰的壳牌石油、飞利浦、联合利华享誉世界；德国以追求完善、精益求精、不断创新的精神，成就了"德国制造"的响亮品牌；瑞士则因资源缺乏，不追求完整的工业体系，采取发展技术加工工业优势，发挥永久中立国的制度保障优势，瑞士手表、瑞士银行、瑞士旅游闻名天下。因此，在当今世界经济一体化、区域竞争国际化的大背景下，要着力培育跨国公司，打造国际品牌，建议市委市政府对正泰、德力西等若干重点企业进行长远规划、重点培育，以求未来乐清经济可持续发展。

（三）充分利用雁荡山旅游资源，不断放大乐清旅游经济。蒙特勒市市长罗朗·威利先生说得好，要发展旅游业，首先必须搞好环境保护，同时建设完善基础设施，然后发挥特色优势。通过对欧洲三国尤其瑞士考察所见所闻，对发展雁荡山旅游业建议如下：一是结合建设"美丽乡村""四边三化"行动，整治所有景区范围内外的环境风貌，切实加强景区环境保护。二是根据雁荡山风景区建设总体规划，针对"吃、住、行、游、购、娱"旅游六要素，努力补齐"缺板"；三是加快三个转变：从单纯的观光旅游向观光旅游与休闲度假旅游并举转变，从山下旅游向山上旅游、海上旅游与山下旅游并行转变，尤其要加快开发山上旅游线路；从国内旅游观光地向国际旅游目的地转变，着力打造雁荡山国际旅游品牌。

（四）学习借鉴德国"双元制"职业教育模式，努力办好乐清职业技术教育。无论从长远来看要使"乐清制造"向"中国制造"迈进，还是现阶段我们乐清市工业比重大，正在加快建设先进制造业基地，都必须加强全社会职业技术教育培训。目前苏州工业园区与德国弗里堡正在合作开展"双元制"职业教育。我们乐清正在筹建温州职业技术学院乐清分院，建议市委市政府及相关方面学习借鉴德国"双元制"教育模式，加强企业、学生、学校的有机衔接，使蓬勃发展的乐清职业技术教育更好为乐清经济社会发展服务。

（五）着力加强软硬环境建设，努力实现投资促进（招商引资）从政策倾斜到国民待遇的转变。通过国外考察，深切感受到政府完善基础设施、提供充分服务、统一制度保障，使所有企业享受同等国民待遇，保障所有企业开展市场自由公平竞争，是一个永恒的主题。我们乐清只有发挥内外乐清人优势、境内外战略投资者优势、现代产业集群优势、海涂围垦优势、市场营销网络优势、域外游离资本优势和政府服务优势，才能从根本上促进投资，赢得未来！

附件：荷兰国家贸促中心给乐清政府的养老事业方面的建议（略）

乐清市实施民营企业创新驱动发展战略制度设计与路径研究

（2013 年 12 月）

一、引言

党的十八大明确提出实施创新驱动发展战略，并把实施创新驱动发展战略摆在国家发展全局的核心位置。为深入贯彻落实党的十八大精神和中央、省委、温州市委关于实施创新驱动发展的重大战略部署，全面提高自主创新能力，加快转变经济发展方式，进一步增强乐清综合实力、核心竞争力和可持续发展能力，加快"实力乐清、魅力乐清、和谐乐清"建设，中共乐清市委十三届四次全会通过了《中共乐清市委关于全面实施创新驱动发展战略加快建设创新型城市的实施意见》（乐委〔2013〕4 号，以下简称《实施意见》）。笔者在体验 2012 年 12 月于北京市科技开发交流中心、北京中关村管委会、北京未来科技城管委会和相关央企学习考察成果的基础上，学习贯彻《实施意见》，参考国内外创新驱动发展理论与实践，解读创新与创新驱动内涵，总结分析乐清市民营企业创新驱动发展状况，研究探讨乐清市实施民营企业创新驱动发展战略制度与路径，以期抛砖引玉。

二、创新与创新驱动的涵义解读

实施创新驱动发展战略，首先必须深刻理解创新与创新驱动的内涵。解读创新，既要防止"创新是个筐，什么都往里装"的庸俗主义，将创新庸俗化，又要避免把创新看成高不可攀、无所作为的虚无主义，将创新神秘化。美国经济学家约瑟夫·熊彼特认为，创新是建立一种新的生产函数，是把一种从来没有过的关于生产要素和生产条件的"新组合"引入生产体系，即创新是企业家通过新组合而产生新利润的活动，包括新产品、新生产方法、新市场、新材料供给、新组织管理五种形式。"竞争战略之父"迈克尔·波特在《国家竞争优势》中认为，"创新"一词应该做广义的解释，它不仅是新技术，而且也是新方法或新态度。"现代管理学之父"彼得·德鲁克在《创新与企业家精神》中提出，创新不是一个技术概念，而是一个经济社会的概念。因此，广义的创新还包括体制、机制、法治等方面的制度创新，即通常所说的改革。中国著名管理学家成思危认为，创新是指引入或者产生某种新事物而造成变化，大体有三种主要类型，即技术创新、管理创新和制度创新。创新是多层次的，高端创新具有革命性、颠覆性、破坏性，而中端、低端创新则具有渐进性。

迈克尔·波特认为：国家或区域竞争优势的发展需经历生产要素驱动阶段、投资驱动阶段、创新驱动阶段和财富驱动阶段四个阶段。前三个阶段都是经济处于成长的阶段，而财富驱动阶段则意味着国家或区域已经走到经济衰退阶段。创新驱动是相对于要素驱动、投资驱动而言的更高级的发展阶段。按照他的观点，英国在19世纪前半叶已经跨入创新驱动阶段，美国、德国、瑞典则在20世纪初进入创新驱动阶段，日本、意大利在20世纪70年代中后期进入了创新驱动阶段，韩国则在21世纪初进入创新驱动阶段。一国处于创新驱动阶段的主要特征如下：（1）依赖生产要素而形成竞争优势的企业越来越少；（2）很多企业克服了生产成本或汇率变化的冲击；（3）大规模海外投资潮的出现；（4）产业集群向纵深化或横向跨行业发展。

改革开放35年来，我国主要依靠廉价劳动力投入、大量资源消耗和大规模政府投资实现了经济高速增长。但是，随着经济发展方式和要素结构的转变，原有的"人口红利""土地红利"优势开始减弱，要素投入驱动无法持续，使得原本依靠要素驱动和投资驱动的外延式、粗放型发展模式难以为继。当前，中国经济转型的关键是要实现增长动力的转换，即从要素驱动、投资驱动转向通过技术进步来提高劳动生产率的创新驱动，从过度依赖"人口红利"和"土地红利"转向靠深化改革来形成"制度红利"，促进经济内生增长。

三、乐清市民营企业科技创新驱动发展的现状分析

改革开放以来，乐清市大力实施"科技兴市"战略，不断提高区域科技创新能力，民营企业高新技术产业发展、技术进步、知识产权工作一直走在全省各县（市）前列，先后获得全国首批科技进步示范市、全国科技进步考核先进各县（市）、浙江省首批科技强市、浙江省知识产权工作示范市、浙江省社会主义新农村建设科技示范县（市）等荣誉称号，2013 年 2 月被认定为首批"浙江省创新试点城市（县、区）"。

（一）**高新技术产业发展势头强劲。**乐清市制定落实《关于加快高新技术产业发展的若干意见》，全市现拥有高新技术企业 93 家、省级科技型企业 218 家，浙江正泰电器股份有限公司成为国家创新型试点企业，德力西集团有限公司、宏丰电工合金有限公司分别成为国家、省级创新型示范（试点）企业，建成温州市、乐清市科技（创新）型企业分别达 104 家、68 家。同时，大力发展激光与光电产业，重点发展半导体照明、光通信设备及器件，2012 年列入温州市激光与光电产业集群重大科技专项 4 项。华仪风能有限公司与荷兰 MECAL 公司签订合同，共同设计开发 6.0 兆瓦海上风机。浙江上方光伏科技有限公司将光伏并网逆变器的样机发往澳大利亚、法国等国，争取国际认证。2012 年，全市高新技术产业产值为 681.50 亿元，占规模以上工业总产值比重为 65.9%。

（二）**科技项目开发省内领先。**乐清市认真研究掌握国家科技发

展的支持重点和投资方向，本着好中选优、专家把关、积极争取的原则，组织企业实施了一大批科技项目。"十一五"以来，全市民营企业实施国家科技支撑计划 1 项、国家火炬计划 80 项、国家星火计划 160 项；实施国家技术创新基金项目 27 项、省级技术创新基金项目 5 项；实施省级重大科技专项 21 项；开发国家重点新产品 7 项、省级新产品 1392 项；获得国家级科技进步奖 3 项、省级科技进步奖 4 项、温州市级科技进步奖 102 项。2006 年至 2013 年 9 月，全市专利申请量达 27596 件，专利授权量达 20646 件，其中发明专利授权量为 1015 件。拥有中国驰名商标 7 枚、浙江省著名商标 55 枚、温州市知名商标 81 枚。2012 年全市规模以上工业新产品产值达到 167.61 亿元。2013 年 8 月国家知识产权局确定乐清市为国家知识产权试点城市。

（三）**科技合作平台搭建逐步拓展**。乐清市积极引进共建创新服务平台，促进科技成果转化。引导全市民营企业与 160 多个高校院所建立起科技合作关系。推进浙江省低压电器技术创新服务平台、浙江省低压电器产业技术创新战略联盟、河北工大乐清电气技术研究中心、乐清市河北工大电器可靠性实验室等平台建设。支持企业引入高端智力资源，2012 年 4 月 20 日乐清首家院士专家工作站在浙江天正电气有限公司成立，中国工程院院士汪槱生、河北工业大学教授陆俭国等专家首批进站，与企业开展长期合作。嘉恒医疗科技有限公司与中国科学院合作研制多体位磁共振成像系统，具有国际先进水平。德力西集团有限公司建成省级企业研究院，正泰集团有限公司控股上海电器科学研究院低压电器所，东元电气有限公司与合肥工大共建了光伏系统工程研究中心。此外，正泰集团有限公司在美国、德力西集团有限公司在德国等地建立研发中心，研发电气高端产品技术。

（四）科技孵化器建设卓有成效。乐清市科技孵化创业中心占地102亩，建筑面积46000平方米，于2006年5月建成投入使用。7年来，累计入孵企业90多家，毕业企业达32家；已培育出年产值500万元以上企业40多家，其中年产值千万元以上企业22家、亿元以上企业2家；在孵企业和毕业企业中有2家获国家高新技术企业称号，有7家企业获浙江省科技型企业称号；企业入驻后新获授权专利357项。该孵化器先后被评为省级科技企业孵化器、浙江省青年创新创业示范基地、省首批现代服务业集聚示范区，2012年12月被科技部认定为国家级科技企业孵化器。目前，乐清市又在开工建设占地面积97.4亩、建筑面积59603平方米、概算投资超2亿元的第二个科技孵化器——乐清市科技创新园，着手打造以电子信息产业为主的综合性科技企业孵化器。

（五）创新驱动发展挑战巨大。从政府和社会层面看，乐清市的创新投入、创新能力、创新效率和创新体系建设，与现代化建设需求相比仍有较大差距，特别是科技投入产出不匹配，科技人才量质偏低，全社会科技创新意识和能力薄弱，知识产权保护力度不够，科技创新的体制机制不适应，科技型中小民营企业发展用地紧缺，科技型中小民营企业外迁多等问题比较突出。从企业层面看，量大面广的中小民营企业自主创新能力弱，缺乏自有品牌，主导产业和优势产品的地位和作用不够突出，虽有渴望创新发展的良好愿望，但由于创新发展本身具有较高的经济外部性和风险性，往往面临"动力不足，不想创新；风险太大，不敢创新；能力有限，不会创新；用地紧缺，不可创新；融资太难，不能创新"的难题，创新主体缺位和错位现象共存，仅靠市场的"无形之手"难以达到"帕累托最优"。据乐清市科技局课题组于 2013 年第三季度对 176 家科技型中小民营企业调查问卷统计，缺乏人才的有 77 家，占 43%；缺乏土地的有 80 家，占 45%；缺乏资金的有 62 家，占 35%；涉及其他问题的有 27 家，占 15%。而在乐清市科技孵化创业中心毕业的 32 家民营企业中有 10 家因在乐清无生产场地而迁往外地。因此，必须发挥政府"有形之手"的重要作用，恰当、适度地干预和调控，采取有效的制度安排，降低创新风险，提高创新收益，激发民营企业内生的创新创业热情，形成推动创新驱动发展的强大动力。

四、乐清市实施民营企业创新驱动发展战略的制度设计

制度是实施创新驱动发展战略的基础和保障。乐清市实施民营企业创新驱动发展战略，必须依靠制度机制创新。要通过建立利益补偿机制，解决民营企业创新激励问题；通过建立风险分担机制，为民营企业降低创新风险和成本；通过建立创新合作机制，提升民营企业创新能力；通过重构金融体制，解决民营企业创新融资难问题；通过建设公共服务平台，健全民营企业创新支撑体系；通过重构创新文化价

值体系，充分发挥创新文化的激励作用。通过制度安排，从多方面激发民营企业的创新意愿，使创新驱动真正成为乐清民营企业的内在需求（详见图1：乐清民营企业创新发展制度模式）。

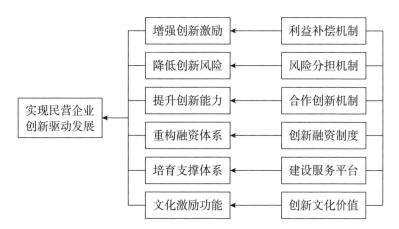

图 1　乐清民营企业创新驱动发展制度模式

（一）加大财税政策扶持，建立利益补偿机制。创新的高投入是制约民营企业技术创新的主要原因，技术创新激励是促进民营企业实施创新驱动发展的核心。针对创新动力不足问题，需要市政府完善促进民营企业创新驱动的地方财税、产业、科技开发及政府采购政策，注重其可操作性和有效性，对民营企业创新进行利益补偿，让其有利可图。一要加大市财政对企业的研发投入，积极申报并实施国家技术创新基金的项目。二是加大民营企业创新的扶持力度，为企业研发提供更有效的财税激励。要研究现行地方财税体制中阻碍民营企业技术创新的因素，改革不利于技术创新的地方财税体制，更有效地激励企业进行技术开发投入。可考虑建立科技开发准备金制度，对民营企业创新予以扶持，允许民营企业特别是有科技发展前景的企业，按其销售收入一定比例提取科技开发基金，以弥补科技开发可能造成的损失。三是完善政府采购措施，建议各级政府采购向高科技产品倾斜，强化相关配套政策体系的执行力，切实改变政府对民营企业技术创新产品的政府采购政策不到位、不系统、不具体的现状。

（二）加大风险投资和知识产权保护力度，完善创新风险分担机制。完善的资本市场、政府对创新创业的扶持、健全的知识产权制度和鼓励创新的文化，对化解创新风险和激励民营企业创新冒险是非常必要的。尤其是风险投资，其最重要的制度功能在于通过其特殊的运作机制，降低和分散高新技术产业面临的技术创新风险，调动创业者的创业积极性和投资者的投资积极性。一是探索建立风险投资基金，为民营企业技术创新提供风险投资。采取地方财税优惠措施，鼓励天使投资、风险投资（VC）和私募股权基金（PE）的资金投入，并建立完善的风险投资治理机制，保障风险投资融资渠道畅通。二是加大对民营企业的创业扶持，营造良好的创新创业环境。如每年增加全社会研究与试验发展（R&D）基金预算安排，对民营企业实施无偿资助。三是切实保护自主知识产权，使民营企业创新利益不受侵害，尤其要鼓励拥有知识产权的企业组建行业协会，建立知识产权纠纷的仲裁、协调机制，严厉打击知识产权侵权案件。

（三）推进产学研合作和企业技术联盟，健全创新合作机制。合作创新是企业基于降低风险和缩减成本的重要战略，也是企业获取外部知识和能力的重要途径，能有效提高企业创新的回报率。通过合作创新，广泛建立企业间及产学研紧密结合的合作创新机制。一要推进中小企业与大企业之间的战略技术联盟，让大企业与中小企业在创新合作中优势互补；二要推进企业与科研院所之间的产学研合作，使企业获得持续的创新能力，建议乐清民营企业更多尝试建立合理的产权机制和创新收益分享机制，与科研院所开展经常性的技术合作，使其成为乐清民营企业的外部研发机构；三是以产业集群和国家级省级开发区为载体，培育和优化民营企业创新的小环境。总之，要在企业间建立大企业和上下游中小企业之间的合作机制，国内、国外企业之间的创新联动机制；要在产学研合作上，形成支撑民营企业创新驱动发展的企业、高校、科研院所的合作生态，使乐清市民营企业的创新能力在合作与开放中得到提高（详见图 2：乐清市民营企业合作创新模式）。

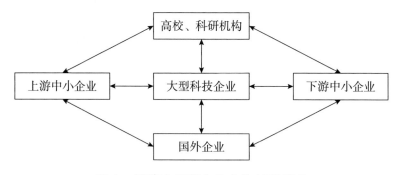

图 2　乐清市民营企业合作创新模式

（四）构建多层次资本市场和融资渠道，重构创新的融资体制。创新驱动发展实践证明，技术创新需要金融创新的支持，金融创新与技术创新必须"双轮驱动"。而国际研究表明，资本市场发达的技术领先国多倾向于直接融资为主的金融支持模式，而资本市场不够发达的技术追赶国则多以间接融资为主。当前，乐清市应当及早抹去民营企业互保联保信贷融资留下的负面影响，利用温州金融综合改革的政策窗口，建立完善多层次的资本市场体系，作为解决民营企业技术创新融资的主渠道。一要推行技术产权交易市场，建立完善代办股份转让系统，发展民间资本市场，构建支持技术创新的多层次资本市场；二要设立为民营企业技术创新融资服务的专业银行，完善创新企业融资信用担保制度，解决间接融资难问题；三要完善民营企业融资信用担保制度，让无形资产也能作为财产抵押，为民营企业的间接融资提供便利。针对创新型企业，可以允许其按有关规定用知识产权和有效动产作为抵押向银行贷款，建立高效的贷款抵押管理体制。

（五）建设创新公共服务平台，健全创新支撑体系。市政府要切实行使"政府主导型创新"的职责，提供便于创新的公共产品，完善"创新链"。一要积极推进公共服务平台建设，建立技术成果交易、成果转化、科技评估、创新资源配置、创新决策和管理咨询等专业化服务体系；二要以官产学研合作体制改革为突破口，整体推进创新的中介服务体系建设，特别是要完善包括技术市场、人才市场、信息市场、产权交易市场等在内的生产要素市场体系，逐步培育和规范管理各类社会中介组织，强化中介组织的联动集成作用，形成有利于创新的市场体系结构；三要大力实施雁荡英才计划，不断加强创新团队和创新人才队伍建设，既要大力引进培育高层次创新创业人才和行业紧缺急需的高技能人才，又要大力发展职业教育，重视就业指导和创业培训，实现实验室人才和创业型人才结合，培养一批既懂科技又懂市场的创新创业人才，最终推动技术创新。

（六）培育创新文化价值观，充分发挥文化的激励功能。创新文化能够通过创造、激励、渗透、整合、导向与规范等机制影响创新的制度安排。乐清市虽然是温州模式的重要发祥地，创业文化气息浓烈，企业家精神光芒四射，全民创业热情涌动，但由于历史条件限制，广大民营企业经营者自身文化素质有待提高，"宁做鸡头，不做凤尾"等传统封闭价值观一时难以摒弃。一要通过重塑区域经济文化，培育创新文化价值观，发挥创新文化的综合功能，形成以追求卓越、善于冒险、宽容失败、重视创新为代表的开放价值观；二要积极倡导合作文化，推进企业间技术知识的交流与合作，促进企业创新集群和集群文化的构建，实现从利己独赢向合作共赢转变；三要着力培育信用文化，实现从重即期利益向重长远效应转变，从守财向守信转变；四要在社会上营造崇尚自主创新、宽容创新失败的风气，使创新成为社会习惯，为民营企业技术创新提供文化支撑；五要在民营企业内部营造尊重知识、尊重人才的氛围，形成一套比较完善的创新人才选拔、吸引、培养、支持与组织管理的制度文化，从外部环境和内部文化两个方面形成对企业创新的文化推动力。

五、乐清市实施民营企业创新驱动发展战略的路径研究

（一）发挥政府重要作用，不折不扣地把促进创新驱动发展的各

项制度及其政策规定落到实处。在一定意义上说，政府是制度创新的主体，企业是技术创新的主体，研究机构是知识创新的主体。制度（Institutions）是调整人类行为的规则，是收入的过滤器和调节器，是一种激励机制，是一种游戏规则。制度为人类提供了一个基本结构，它为人们创造出秩序，并试图降低交换中的不确定性。在创新驱动发展过程中，作为激励功能的制度可以充分调动包括资金资源在内的各种社会资源，并实现这些资源的优化配置；作为资源整合功能的制度可以实现资金、人才、技术三大高科技要素的互动和集成，发挥合力作用；作为服务保障意识功能的制度可以营造良好的环境，促进创新的顺利完成；作为文化培植功能的制度可以形成尊重创新、敢于创新的社会氛围。针对乐清广大中小民营企业重投机意识轻投资决策、多可能性预测少可行性分析的实际情况，市政府不仅要制定一系列有利于创新驱动发展的制度，而且要强化服务，引导、监督各项制度的贯彻落实。从国际经济来看，当今世界公认的 20 多个创新型国家，无不走过了政府主导下的技术创新历程。而广大民营企业唯有懂得制度安排，发挥制度优势，才有可能在实施创新驱动战略中获得"制度红利"。

（二）强化民营企业主体作用，积极推进产业产品技术创新。技术创新是实施创新驱动发展战略的重点，技术创新的最终体现是产品创新。必须发挥民营企业主体作用，突出产业产品技术创新，不断培育创新型、科技型企业。根据《实施意见》，乐清市民营企业创新驱动发展的重点：一要大力发展精密模具、数控机床、电动工具及钻头、能源装备、表面工程、仪器仪表等高端装备制造业；二要重点发展工业电气新材料、电子信息功能材料等新材料产业；三要鼓励发展智能电网、智能交通等物联网产业，努力打造全省先进的物联网产业基地；四要大力推动生产性服务发展，加快发展文化创意等科技文化产业；五要加快建设省级电气工业设计示范基地，创新市场化运营模式，加快形成工程与产品开发、外观设计、结构设计、信息系统设计、模具设计、品牌策划等与工业创新设计上下游产业链相配套的示范基地；六要加快推动电工电气和电子信息两大传统主导产业及其他传统产业向智能化、网络化、服务化转变，促进产业链向两端延伸、价值链向高端攀升，加快形成产业链协作紧密、竞争力强、有影响力的现代产业集群；七要大力实施"四换四减"工作，进一步落实"腾笼换鸟""机器换人""空间换地""电商换市""零土地技改""亩产论英雄"等战略举措；八要着力发展现代农业、特色农业及其产品深加工、精加工，实现农业创新产品的高附加值。

（三）积极利用创新驱动发展大平台，建设有竞争力的创新经济集群。创新需要有良好的空间载体和基地。按《实施意见》要求，乐清民营企业应以建设工业强市为己任，以技术创新、产品创新和市场创新为导向，加快建设并融入国家级经济技术开发区、省级温州浙商回归产业集聚区、温州综合保税区、乐清海峡两岸经济合作试验区及市高新技术产业园、柳市新型电工电器产业园、北白象智能电器和新材料产业园、乐清湾港区现代临港产业园、虹桥电子信息产业园、雁荡山旅游文化创意产业园等大平台，推动高端装备制造业、新材料产业和物联网产业三大战略性新兴产业发展，努力投身打造电工电气、临港产业和现代服务业三大千亿级产业集群。通过增加创新投入、技术改造、自主创新、品牌战略等途径，发挥集群内技术扩散途径通畅、创新网络建设便捷、配套协作成本较低等优势，推动传统产业集群优化升级，建设有竞争力的现代产业集群，从而使各类企业在创新驱动发展的大平台上找准适合自身发展的位置。

（四）做到自主创新、联合学研和引进央企并重，逐步建立多形式多层次的创新驱动发展模式。坚持制度创新，促进技术转移，是民营企业创新体系建设的主要环节。一要加快知识产权成果转化应用，大力推进原始创新、集成创新和引进消化吸引再创新，注重应用技术研发，鼓励和支持专利所有人来乐实施转化和产业化，加快提升自主知识产权成果产业化率和市场占有率。二要积极探索产学研合作创新之路，加强顶层设计和资源系统整合。积极推进高等院校、科研院所紧密结合，以企业为主体，以产权为纽带，以项目为依托，以引进团队式、高层次人才与核心技术为重点，共建各类创新载体，实现各方优势互补、共同发展、利益共享、风险共担的协同创新目标。三要推进产业创新联盟、联合研发机构、博士后工作站等技术创新组织建设。大力建设省级电气产业技术战略联盟，鼓励支持企业与高等院校、科研院所建立电子产业技术、3D 打印产业技术应用等创新联盟、校企联盟、技术转移联盟，联合申报科技攻关项目和产业化项目。四要积极引进央企资源，实现民企和央企的优势互补。2012 年 12 月初，乐清市委市政府指派笔者与乐清经济开发区管委会黄学勇、乐清湾港区开发建设管委会林建明、市科技局郑哲共 4 位同志赴北京科技开发中心挂职学习，主要任务是学习中关村科技创新经验，拜访北京有关中央企业，开展招引央企的基础工作。据我们考察分析，央企是一座大"金矿"，央企是国民经济中占据重要地位的企业群体，资本规模大，实力雄厚，科技人才云集，新产品开发多，发明专利多，都是各个行业的龙头老大，研发团队很强，都是民营企业依靠科技、创新驱动、转型升级中迫切需要的资源。可以预测，央企的能力、民企的活力就是今后企业的竞争力。在我们拜访的 15 家央企中，有对外合作意向的达 12 家，占 80%（详见表 1：2012.12 乐清干部拜访央企情况一览表）。在鼓励发展混合所有制经济的新形势下，乐清市委市政府应把引进央企资源作为实施民营企业创新驱动发展的一大战略选择，积极引导、鼓励民营企业千方百计与央企攀高亲、搞联姻，以期造就创新驱动转型升级发展的新模式。

表 1　2012.12 乐清干部拜访央企情况一览表

序号	企业名称	接待负责人	向外投资意向	备注
1	神华科技发展有限责任公司	孙照亮副总裁	科技成果转化	
2	中国节能环保集团中节能建筑节能有限公司	任放技术总监	城市节能环保建设合作	
3	大唐电信科技产业集团高鸿网络技术股份公司	刘雪峰副总裁	在南方建研发基地	
4	国家电网电力科技研究院国电通信公司	王远征总会计师	智能电网合作开发	

续表

序号	企业名称	接待负责人	向外投资意向	备注
5	国防科技工业科技成果推广转化研究中心	吴玉广研究员	研究成果推广	
6	中国铁路物资股份有限公司	于文潞处长助理	建设钢材交易市场，带动港口发展	
7	清华科技园启迪科创科技发展有限公司	水腾飞执行院长	建设分园和创新基地	
8	中节能海特光电有限责任公司	岳劲松副总裁	民营合作	
9	中国化工集团有限公司	规划发展部蔡挺主任	无	
10	中国远东国际招标有限公司	孔维项目经理	工业产业园区建设	
11	中国通用技术集团国际物流有限公司	徐亚东业务经理	看好华东战略布局	
12	中国兵器工业集团有限公司	民品运营处黄郁馨处长	科技转化合作	
13	中国航空工业集团有限公司	郝建伟处长	非航空民品技术合作	
14	中国通用技术集团通用地产有限公司	吴子华副总裁	无	
15	中石油海洋工程有限公司	褚云峰副经理	无	

（五）积极实施乐商回归工程，不断引进乐清民营企业创新驱动发展的战略资源。温州市委书记陈一新在温商回归推进大会上指出，温商是温州赶超发展的第一资源，温商是温州再创辉煌的不竭动力。目前175万温州人在全国各地创业创新，形成了一个庞大的温商群

体，在全国地级以上城市组建了 245 个异地温州商会。商行天下、智行天下、诚行天下、善行天下，在外温商拥有丰富的资本源、技术源、信息源和人才源；同时，在外温商群体具有五大效应，即示范带动效应、市场扩容效应、财富积聚效应、资源配置效应、内外互动效应。在外乐商是在外温商的重要组成部分，异地温州商会会长中乐清籍人士占 35%，异地温州商会副会长以上骨干人员中乐清籍人士占 50% 以上。另据不完全统计，30 多万乐商在全国各地累计投资达到 1800 亿元以上，创办规模以上工业企业约 3800 家，创办商品交易市场 230 个，年均实现工业总产值超过 1500 亿元，年市场成交额达到 1500 亿元以上。乐商在外创造的经济总量超过乐清本土经济总量。因此，我们要充分发挥乐商群体的优势，积极实施乐商回归工程。一要引进乐商发展战略性新兴产业、先进制造业和现代服务业，以转型发展推进创新发展；二要吸引乐商在乐清总部经济园设立企业总部或区域性、功能性总部，不断创新商业模式；三要利用在外乐商的人脉资源，积极引进世界 500 强、中国 500 强、央企和科研院所，以及先进技术和高端人才，为乐清民营企业创新驱动发展发挥更大作用。

（六）在优化投资中推进创新驱动发展，实现创新驱动与投资驱动良性互动。从传统走向创新，从粗放走向集约，从外延走向内涵，是中国经济发展的战略选择。当前，投资、出口和消费仍是推动中国经济增长的"三驾马车"，走出高储蓄率、高投资率和低消费率并存的投资驱动型经济还须努力。在加快建设"实力乐清、魅力乐清、和谐乐清"过程中，创新驱动与投资驱动并重是不可逾越的现实选择。

毫无疑问，乐清市实施民营企业创新驱动发展战略，不可忽视投资驱动作用，必须正确引导投资导向，切实优化投资结构，不断加大创新投入，在优化投资中推进民营企业创新驱动发展。一要把有限的年度用地指标向科技型中小民营企业倾斜，拓展科技型中小民营企业的发展空间；二要加大各类创新平台投资建设力度，尤其要及早建成国家级的乐清经济技术开发区和现代一流的高新技术产业园，积极发展高新技术产业等先进制造业和现代服务业，在投资驱动发展中实现创新驱动发展；三要加大城镇基础设施和雁荡山旅游设施建设的投资力度，推进现代服务业和旅游业的发展，培育创新驱动发展的新增长点；四要加大职业技术教育和招才引智的投资力度，提升社会事业和公共服务水平，充分发挥人才的创新主力作用。

参考文献

［1］大卫·史密斯.创新［M］.上海：上海财经大学出版社，2008.

［2］辜胜阻.创新驱动战略与经济转型［M］.北京：人民出版社，2013.

［3］中共乐清市委.中共乐清市委关于全面实施创新驱动发展战略加快建设新型城市的实施意见［R］.温州：中共乐清市委办公室内部资料，2013.

［4］卓勇良.强化创新驱动加快集约内涵发展［J］.杭州：浙江省发展和改革研究所，改革与发展研究，2013.

［5］陈明乾.乐商回归创业创新态势观察与对策研究［J］.温州：

乐清市人民政府办公室 2012 乐清市政府系统课题成果汇编，2013.

［6］万寿余，徐崇明，倪岩鹏.乐清市科技型中小企业生存与发展调研报告［J］.温州：乐清市科技局内部资料，2013.

（本文获 2013 年度乐清市政府系统立项课题优秀成果奖）

新常态下乐清区域经济发展特点与对策探讨

（2015 年 12 月）

一、引言

习近平总书记指出："我国经济发展进入新常态，是我国经济发展阶段性特征的必然反映，是不以人的意志为转移的。认识新常态，适应新常态，引领新常态，是当前和今后一个时期我国经济发展的大逻辑。"当前乐清市经济发展正处在爬坡过坎和转型升级的关键时期，研究新常态下乐清区域经济发展特点，分析其潜在风险，提出促进经济持续发展应对措施，对于乐清当好温州市"赶超发展排头兵，再创辉煌顶梁柱"，真正成为温州大都市区北翼副中心，成为中国民营经济创新发展示范区，具有重要的现实意义。

二、新常态下乐清经济发展的主要特点

（一）经济进入增速换挡期，由高速增长转入中高速增长。1991—

2007 年，乐清市经济年均增长 18.8%；2008—2009 年受世界金融危机影响，年均增长回落至 8.3%；2010 年、2011 年又回到高速增长的轨道上，增长幅度在 10% 以上；2012 年、2013 年又分别降到 5.5% 和 6.5%，甚至低于温州市和浙江省平均水平；2014 年乐清经济比上年增长 7.6%，达到浙江省平均水平，高于温州市增长幅度（详见表 1：2010—2014 年乐清市 GDP 增速与温州市和浙江省对比情况）。

表 1　2010—2014 年乐清市 GDP 增速与温州市和浙江省对比情况

（单位：%）

年　份	乐清市	温州市	浙江省
2010 年	12.1	11.1	11.8
2011 年	10.2	9.5	9.0
2012 年	5.5	6.7	8.0
2013 年	6.5	7.7	8.2
2014 年	7.6	7.2	7.6

（二）经济结构逐渐优化，但服务业仍为短板。近几年来，乐清市产业结构逐渐优化，第一产业和第二产业比重不断下降，第三产业逐步上升（详见表 2：2010—2014 年乐清市三次产业比重情况）。2014 年，全市实现地区生产总值（GDP）704.80 亿元，其中第一产业 20.38 亿元，第二产业 416.02 亿元，第三产业 268.40 亿元，三次产业比例为 2.9∶59.0∶38.1，但第三产业增加值占 GDP 的比重分别比温州市（49.1%）、浙江省（47.9%）和全国（48.2%）低 11、9.8 和 10.1 个百分点。服务业发展滞后，已成为制约乐清市经济发展提质增效的一大短板。

表2　2010—2014年乐清市三次产业比重情况

（单位：%）

	第一产业	第二产业	第三产业
2010年	3.4	61.8	34.9
2011年	3.1	61.4	35.6
2012年	3.3	58.2	38.5
2013年	3.0	59.7	37.3
2014年	2.9	59.0	38.1

（三）投资增速减缓，消费与出口拉动作用增强。2010年以来，乐清市委、市政府把强化投入作为推进发展的主抓手，固定资产投资高速增长。2010、2011、2012年限上固定资产投资分别比上年增长35.2%、112.2%、40.7%，分别高出温州市和浙江省平均水平，成为经济发展的重要推动力，但从2011年开始呈现逐年递减的趋势，而且2013年和2014年的增速均低于温州市和浙江省平均水平（详见表3：2010—2014年乐清市固定资产投资增速与温州市和浙江省对比情况）。当前，企业家投资信心仍未有效提振，投资意愿依然总体不足，观望气息较浓，投入厂房建设、设备购置和技改的资金所占比例不高。

表3　2010—2014年乐清市固定资产投资增速与温州市和浙江省对比情况

（单位：%）

年　份	乐清市	温州市	浙江省
2010年	35.2	11.1	16.7
2011年	112.2	92.1	22.9
2012年	40.7	37.0	21.4
2013年	15.6	24.1	18.1
2014年	16.1	16.6	16.6

从消费情况看，2012 年，乐清市社会消费品零售总额比上年增长 6.6%，分别落后于温州市和浙江省平均水平 2.6 和 6.4 个百分点；2013 年增长 13.0%，分别高出温州市和浙江省平均水平 0.9 和 1.2 个百分点；2014 年社会消费品零售总额达 273.38 亿元，增长 15.9%，高于温州全市平均水平 3.1 个百分点。

从出口情况看，随着新兴国际市场的不断开拓和欧盟、中东市场的复苏，乐清市出口形势逐渐好转。2012 年出口总额比上年下降 8.4%，2013 年增长 0.5%，2014 年出口总额 21.42 亿美元，增长 4.4%，并且呈稳步上升的趋势，全年增幅比第一季度、上半年和前三季度分别提高 3.6、0.6 和 0.3 个百分点。

（四）要素驱动逐步过渡到创新驱动，创新效益显现。近几年来乐清市科技创新工作稳步推进，创新驱动发展战略得到有效落实，科技创新对经济发展的引领作用更加凸显。一是研发投入力度加大。2013 年科技投入 20.51 亿元，比上年增长 20.0%；R&D（研究和发展）经费支出 13.9 亿元，比上年增长 40.1%，相当于 GDP 的比重从上年的 1.7% 提升至 2.1%。二是研发活动更加频繁。2013 年规上工业企业中有 147 家设立研发机构，企业研发机构设置率为 14.98%；有开展 R&D 活动的企业达到 163 家，占规上工业企业的 18.0%。三是创新产出效率提高。2014 年，全市实现新产品产值 286.23 亿元，比上年增长 39.9%，新产品产值率为 24.3%，比上年提高了 5.7 个百分点；全市专利申请量和授权量分别为 7814 件和 6054 件，比上年分别增长 11.8% 和 11.3%。

（五）落后产能淘汰，新兴业态崛起。随着"四换三名"行动的推进，落后产能的淘汰为新兴业态的发展提供更多空间。一是高新技术产业发展趋好。全市有高新技术企业 109 家，2014 年实现高新技术产业增加值 124.02 亿元，占规上工业增加值的比重为 51.02%，比上年增长 10.1%，增速高出温州市平均水平 1.9 个百分点。二是战略性新兴产业和装备制造业稳步发展。2014 年，全市战略性新兴产业、装备制造业增加值分别为 94.13 亿元、186.63 亿元，占规上工业增加值的比重为 38.3%、76.8%，比上年分别增长 9.7% 和 9.4%，均高于温州全市平均水平 1.4 个百分点。三是"机器换人"加速劳动生产率提升。2014，全市实现"机器换人"现代技术改造投资 148.3 亿元，比上年增长 77.8%，技改投资占工业投资比重达到 78.9%，高于温州全市平均水平 21.7 个百分点；带动规上工业全员劳动生产率达 14.81 万元 / 人，比上年提高 1.18 万元 / 人，增长 8.7%。四是电子商务高速增长。根据支付宝统计，2013 年乐清用户人均网络消费达 26098 元，支付宝支出总金额达到 67.9 亿元，位列网络消费百强县（市）第四位。2013 年乐清市网络交易量达 80 多亿元，成功入选"2013 年中国电子商务发展百佳县"榜单，名列第 15 位。2014 年，全市涉网企业 7525 户，占全部企业（30832 户）的 24.5%，其中有 7000 家企业入驻阿里巴巴诚信通。有电商类企业 504 家，比上年增长 109%，其中 159 家企业注册了天猫旗舰店。

三、新常态下乐清经济发展的潜在风险

（一）**金融风险**。一是金融对实体经济支持不够。2010年以来，全市金融机构存贷款余额增速逐年下降，而且2013年末存款余额出现负增长（详见图1：2010—2014年乐清市金融机构存贷款余额增长情况）。2014年年底，全市存款和贷款余额同比分别增长1.0%和5.4%，仍处于低位徘徊状态，增幅均低于浙江省平均水平，一方面表示企业家信心不足，另一方面表示金融对实体经济发展的支撑力度不够。

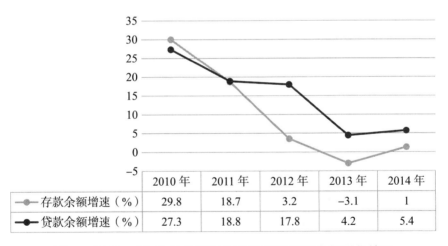

	2010 年	2011 年	2012 年	2013 年	2014 年
存款余额增速（%）	29.8	18.7	3.2	−3.1	1
贷款余额增速（%）	27.3	18.8	17.8	4.2	5.4

图1　2010—2014年乐清市金融机构存贷款余额增长情况

二是"两链"问题仍需关注。受资金链、担保链断裂影响，2014年以来乐清市又发生多起企业倒闭事件，对全市经济和市场信心带来负面影响。全市尚有重点帮扶企业10家，涉及银行贷款24.46亿元，涉及担保企业61家，担保金额17.38亿元；列入处置类企业21家，

涉及银行贷款 37.45 亿元，涉及担保企业 102 家，担保金额 18.20 亿元。

（二）企业经营风险。2014 年，全市规上工业企业中有 28 家处于停产状态，占全部规上工业企业单位数的 3.1%，企业经营风险显现。一是费用支出增长较快。全年规上工业企业销售费用、管理费用、财务费用"三项费用"支出增长 3.84%，增幅高于主营业务收入 1.22 个百分点。二是劳动力成本上升迅速。全年规上工业企业人均应付职工薪酬 45635 元，比上年增长 12.8%，劳动力成本的快速增长使得部分企业竞争优势减弱。三是企业资金流转紧张。2014 年以来，规上工业企业"两项资金"（即应收账款和产成品存货）逐月攀升，年末达 469.38 亿元，占流动资产的比重高达 56.1%，同比提升 1.2 个百分点（详见图 2：2014 年规上工业企业"两项资金"绝对额及增速情况），"两项资金"占比过高降低了企业流动资产周转速度。

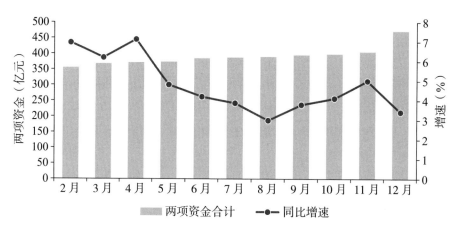

图 2 2014 年规上工业企业"两项资金"绝对额及增速情况

（三）财政风险。2014 年以来，乐清市财政总收入和公共财政预算收入增速基本在 10% 以下低速徘徊，1—5 月份这两项指标增速仅为 5.5% 和 4.2%。（详见图 3：2014 年各月累计财政总收入和公共财政收入增速情况）。同时，全年地税收入（包括上划中央）40.22 亿元，比上年仅增长 2.7%，国有土地使用权出让收入 43.49 亿元，下降 9.9%，财政收入面临较大压力，基本建设资金和部门经费缺口较多，政府债务较大，支出压力前所未有。

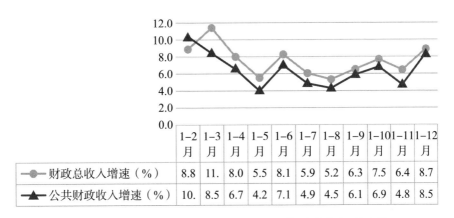

	1-2月	1-3月	1-4月	1-5月	1-6月	1-7月	1-8月	1-9月	1-10月	1-11月	1-12月
财政总收入增速（%）	8.8	11.	8.0	5.5	8.1	5.9	5.2	6.3	7.5	6.4	8.7
公共财政收入增速（%）	10.	8.5	6.7	4.2	7.1	4.9	4.5	6.1	6.9	4.8	8.5

图 3　2014 年各月累计财政总收入和公共财政收入增速情况

（四）房地产风险。2014 年，全市房地产投资 84.17 亿元，比上年下降 25.7%；一手房销售 3144 套，销售面积 41.76 万平方米，比上年分别下降 10.02% 和 4.86%；每平方米均价为 14876 元，比上年下降 11.4%，与最高时期相比，下跌了 40% 左右。截止 12 月底，全市已办理商品房预售许可证开盘在售的一手房（不包括村安置房）库存 7216 套，面积 104.83 万平方米，如按全年月平均销售量，需要两年多才能消化。同时，房地产市场持续低迷对开发商投资的积极性影响较大，暂停购买新的土地，开发建设速度放慢。

四、新常态下促进乐清经济持续发展的对策探讨

（一）**深化体制改革，释放发展活力。**乐清人曾凭借"敢为人先、率先改革"的精神，创造了举世瞩目的"温州模式"，进入新时代发展新阶段，更应深化改革，不断释放发展新活力。一是推进社会改革，加强社会建设。重点需要完善社会基本公共服务体系，增加公共产品有效供给，提高社会管理水平。二是加快简政放权，推进政府职能转变。进一步理顺政府和市场的关系，全面推行"四单一网"改革，减少管制，扩大竞争，更好发挥市场在资源配置中的决定性作用。深化机关作风效能建设，优化发展软环境。三是深化金融改革，服务实体经济。积极推动企业对接多层次资本市场，通过股权、债券、上市和上市后再融资等方式直接融资。探索构建服务中小企业的社区金融服务体系，积极稳妥开展小额贷款公司、民间资本管理公司、民间借贷服务中心等新型金融组织的试点工作，力争在区域资本市场体系和金融服务体系建设上有新突破。改善和优化民间融资市场资源配置，吸引更多民间资本进入实体经济领域，缓解企业融资难、融资贵问题。

（二）**夯实工业基础，注重提质增效。**工业经济是新常态下乐清市赶超发展的重要力量，要把发展工业、振兴实体经济作为全局工作的重中之重来抓，紧紧围绕乐清市委市政府推进省级工业强市建设的总体部署，注重提质增效，推动工业经济又好又快发展。一是打好"四换三名"组合拳，推进产业转型升级。以"机器换人"为核心，鼓励

电气、电子企业进行技术改造和创新，实现劳动生产率和增加值双提升。大力推进"腾龙换鸟"，加快对重点行业落后产能的整治淘汰，腾出土地资源优先满足成长型企业用地需求。深入推进"空间换地"，促进节约用地和产业发展的有机更新，重点解决一批符合条件的企业用地问题。加快"电商换市"步伐，大力发展电子商务，抓紧建设电子商务园区、阿里巴巴乐清产业带、电商联盟平台，让更多企业"上网"拓展发展空间。二是推进"两化融合"，打造产业竞争新优势。以省级电气产业集群"两化"深度融合试验区为重点，加快推进信息技术集成应用，建设一批"两化"融合公共服务平台，将电子信息技术广泛运用于生产各环节，提升企业信息化、自动化、智能化水平。三是培育龙头企业，充分发挥其产业辐射和示范引领作用。重点扶持培育一批在特定领域拥有技术独特性、较强市场竞争力、能带动产业关联性和示范性的行业领军企业、龙头骨干企业；同时推进广大中小企业与大企业、行业龙头企业开展专业化协作配套，建立稳定的供应、生产、销售等协作关系。加快小微企业园建设，落实小微企业扶持政策，扎实推进小微企业集聚集约发展。

（三）培育消费市场，挖掘内需潜力。消费需求是经济增长的最终需求，新常态下要更加突出消费的拉动作用，使经济发展的成果惠及全体人民。一是大力推进现代服务业集聚区建设，促进消费升级。重点创建科技创新园、南虹广场、正大新生活城市中心、国际电器城会展销售中心、总部经济园、文化产业集聚区、乐清湾港区现代物流园区、虹桥现代商贸城等，努力打造现代服务业千亿级产业集群。二是以放开住房限购限贷为契机，促进住房消费。积极鼓励市民购买住房，加快商品住房去库存；加大金融支持力度，落实首套房贷优惠；调整公积金使用机制，加大首套房及改善性购房需求支持力度。三是打造山海旅游品牌，促进旅游消费。加快雁荡山综合旅游服务集聚区建设，统筹雁荡山、中雁荡山、乐清湾、灵山和淡溪以及人文古迹等各大景区协调发展，充分挖掘和整合先进工业、特色农业、历史人文、休闲度假、海港渔景等旅游元素，不断丰富旅游产品，拉长旅游产业链条，挖掘旅游消费潜力。

（四）扩大有效投资，增强发展后劲。有效投资既能拉动当期经济发展，同时又形成未来的供给能力，对未来的经济增长和经济结构产生重要影响，仍是新阶段工作的重点之一。一是加大基础设施投资，提升发展承载力。加快"一心两翼"中心城市建设，推进区域联动发展和城乡一体化，补齐城市基础设施和社会公共服务设施"短板"。二是加大发展平台建设，促进产业结构优化。抓紧产业规划编制，大力推进国家级经济技术开发区、国家绿色生态示范新城、乐清湾港区综合保税区、乐清海峡两岸经济合作试验区等重大发展平台建设，做大做强工业电气和电子信息两大支柱产业，大力发展高端装备制造、新材料和物联网三大战略新兴产业。三是加快乐清湾港区建设，培育新的增长点。重点发展能源、石化、装备制造等"大进大出"、带动性强、投入产出比高的临港制造业。加快大型综合物流园区和专业物流中心建设，促进临港物流业加快崛起。积极培育专业技术服务业、工业设计、民间金融、商务会展、文化创意等新兴产业，促进先进制造业和现代服务业融合发展。四是深入实施"乐商回归"工程，打造民间资本投资主体。争取有更多实力雄厚的乐商回归乐清投资，把更好的项目、更先进的经营管理理念带到乐清。释放民间投资潜力，增强企业投资意愿，鼓励民间投资由竞争性和非公益性领域拓展到公益性领域。

（五）加大科技投入，强化创新驱动。创新始终是推动国家、民族以及区域向前发展的重要力量，新常态下要把创新驱动战略摆在发展全局的核心位置，以科技创新构筑发展新优势、新动力。一是加大科技创新平台建设，推动全社会加大研发经费投入。加快建设和完善科技孵化创业中心、科技创新园、省级电气工业设计示范基地、国家工业电器质量监督检验中心、产业标准信息服务平台和标准检测平台，鼓励企业加大科研经费的投入，加大核心技术和关键技术攻关力度，尤其是对不占、少占空间的"零土地"技改项目开出绿色通道，使有限空间发挥更大的能量。二是加大政策支持力度，培育企业成为科技创新的主体。鼓励企业成立研发机构，对于获得国家、省、温州市级认定的企业研发中心和技术中心，给予一定奖励；对于企业申报并承担国家、省级科技计划项目的，市财政给予一定配套资金。完善和建立激励全社会创新的收入分配、税收、金融、劳动力流动等方面的制度，从过去的动员资源向动员聪明才智搞创新转变。三是加强产学研联动，推动行业共性技术难题解决。鼓励和支持企业与高等院校、科研院所开展创新战略联盟、校企联盟、技术转移联盟等多形式的产学研交流合作，充分汇聚高质量的创新要素，推动行业共性技术难题解决，促进低端产业链向高新产业链提升。

（六）加强预警监测，防范化解风险。经济增长速度换挡必然带来财政收支的换挡，要抓紧研究适应新常态的财政税收再平衡政策，挖掘潜在税源，开展专项资金清理整合，调整政府性投资项目，加强预算管理，严格控制"三公"经费支出。有效调控房地产开发总量、结构和节奏，稳定房地产市场。加强企业风险预警监测，完善政银企法四方联动机制，狠抓企业资金链、担保链风险化解；加大企业分类帮扶力度，严厉打击涉嫌"逃废债"等违法犯罪行为；加快办理企业产权证，尽快增加企业有效抵押物；最大程度发挥政府应急转贷资金作用。推进企业整合重组，化解企业金融风险，全面降低不良贷款率，确保经济金融运行总体平稳。

参考文献

［1］胡舒立.新常态改变中国［M］.北京：民主与建设出版社，2014.

［2］辜胜阻.经济新常态带来六大新机遇经济减速不减势［N］.北京：人民日报海外版，2015.2.6.

［3］王一鸣.宏观调控如何适应新常态［N］.北京：经济日报第6版，2014.9.7.

［4］吴敬琏.新常态主要指经济范畴［N］.北京：光明日报第5版，2015.3.4

［5］胡鞍钢.新常态：中国经济发展阶段的升级版［N］.北京：

光明日报第 5 版，2015.4.15.

　　［6］乐清市统计局 .2014 乐清统计年鉴［M］. 温州：乐清市统计局内部资料，2015.10.

　　　　　　　　　　　　　　　　　（本文作者系赵顺招、陈明乾）

乐清市千亿级电气产业集群提升
发展态势分析与对策研究

（2017 年 12 月）

一、引言

电气机械及器材制造业（以下简称电气产业）是温州市五大支柱产业之一，具有产业链长、应用领域广、市场规模大、技术更新快的特点，有着良好的发展基础和增长潜力，按照"优化集聚、提质扩量"总要求，通过推进转型升级、提升产业层次，能够为巩固提升温州在全省的"铁三角"地位起到巨大的推动作用。温州电气产业主要分布在乐清，乐清市电气产业总产值占温州全市的 75%。2014 年 8 月召开的乐清市委十三届六次全会通过《中共乐清市委关于千亿级电气产业集群提升发展的决定》，目前正在全面推进千亿级电气产业集群提升发展，争取建成"产品高新化、经营集约化、品牌高端化、产出高效化、配套国际化"的现代电气产业集群，把乐清打造成为省内先进、国内领先、具有较强国际影响力的世界电气之都。本文根据近几年乐清市电气产业发展实践，研究探讨乐清电气产业集群发展优势、制约因素与对策建议，以期抛砖引玉。

二、发展优势

（一）产业发展成熟，规模实力雄厚。乐清市电气产业集群是我国目前规模最大、产量最高、规格最全、企业最多、分布最集中、上下游产业配套最为完善的电气产业集聚区，在中国电气领域具有举足轻重的地位。2016年末，乐清市有电气产业法人单位10824家，占全市制造业的53.5%，另有产业活动单位619家；有规上电气产业企业602家，占全市规上制造业的54.1%；平均用工人数10.32万人，占全市规上制造业的62.7%。规上电气企业全年实现工业总产值837.86亿元，占全市规上制造业的66.7%，占温州市电气产业的74.6%；实现出口交货值65.86亿元，占全市规上制造业的63.6%；实现利税总额86.83亿元，占全市规上制造业的72.1%。

表1 2016年温州各县市区电气机械及器材制造业工业总产值

县市区	工业总产值（亿元）	占比（%）
全市	1123.57	100.0
鹿城区	23.53	2.1
瓯海区	11.01	1.0
龙湾区	44.90	4.0
温州经开区	89.60	8.0

县市区	工业总产值（亿元）	占比（%）
洞头区	2.03	0.2
瑞安市	76.33	6.8
乐清市	837.86	74.6
永嘉县	15.16	1.3
平阳县	17.14	1.5
苍南县	5.10	0.5
文成县	0.91	0.1
泰顺县		

乐清市中低压电器占全国市场份额的 60% 以上，其中交流接触器、断路器等国内市场占有率达到 70%，防爆电器在国内市场占有率达到 85%；年产值超 100 亿元企业 1 家，超 50 亿元企业 2 家，超 10 亿元企业 12 家，超亿元企业 128 家。拥有国家高新技术企业 104 家、上市企业 6 家，3 家企业入围中国企业 500 强，6 家企业入围中国民营企业 500 强。产品标准基本与 IEC 标准接轨，拥有的生产许可证、CCC 认证、美国 UL、德国 VDE、欧盟 CE 认证等国内外证书在全国电气产业基地中最多。"乐清断路器"被浙江名牌战略推进委员会认定为"浙江区域名牌"，拥有"中国电器之都""中国防爆电器生产基地""中国断路器生产基地""中国低压电器出口基地""国家火炬计划智能电器产业基地""装备制造（电工电气）国家新型工业化示范基地""中国建筑电器产业基地"7 张国家级电器类金名片。构建了辐射国内外的营销和销售网络，以龙头企业为主在全国各地设立销售公司和销售点 1.5 万多家，在国外设立了 230 多个代理网点，出口贸

易国和地区达 140 多个。

（二）产业配套完备，集聚优势明显。乐清市电气产业集群地理上高度集中，聚集区域以柳市镇为中心，覆盖北白象、乐成、翁垟、盐盆、虹桥等区域，区域面积约 200 平方公里，现有乐清经济开发区、柳市、北白象、虹桥 4 个省级工业强镇，28 个工业园、4 个产业基地、2 个总部经济区、1 个中国电器城。相邻的地理位置使企业之间的空间联系和运输成本具有明显优势，溢出效应、品牌效应、规模效应等得到进一步发挥，社会化分工和专业化协作机制不断优化，以龙头骨干企业关键产品和装配生产、市场营销和技术研发为主导，中小企业聚焦零部件加工生产的区域产业链垂直分工协作体系日益成熟，基本形成了由一群高度关联的生产企业群体、供应商群体、销售商群体和其他相关产业以及行业协会构成的现代电气产业集群。乐清市科技孵化创业服务中心、浙江省温州低压电器技术创新服务平台、浙江省工业电气公共科技服务中心、河北工业大学乐清电气技术研究中心、国家级低压电器检测重点实验室、国际著名认证机构荷兰 KEMA 公司〔凯玛测试服务（浙江）有限公司〕等科技服务机构，为电气的研发、生产提供了有力的技术支撑。拥有并运营"中国工业电器网""中国电气交易网"等电子商务网站，已成为全国电气产品信息发布的重要渠道和集散中心。中国电器文化节暨国际电工产品博览会已连续举办 17 届，规模及影响持续扩大，形成了辐射国内外的电气会展品牌。除温州市电气产业协会之外，还有电线电缆、断路器、防爆电器等17 个电气细分行业协会，基本覆盖电气各类子行业。

（三）**龙头企业引领，知名品牌汇聚**。乐清市电气行业形成了"龙头企业引领、骨干企业支撑、优势企业活跃"的企业发展体系。全行业共获得中国驰名商标 10 个、浙江著名商标 50 个、浙江名牌产品 48 个，3 家企业品牌入围中国 500 最具价值品牌，既有以正泰、德力西、天正和人民等大型电气企业为首的"综合电气"类品牌，也有以沪光（变压器）、永固（电力金具）为代表的"专特精优"的电气企业品牌，初步形成了"区域品牌＋企业品牌＋产品品牌"的良性品牌体系。

（四）**转型升级推进，强链补链见效**。近年来，乐清市电气产业在规模持续扩大的同时，产品品质和种类不断提升。产品结构从单一低压领域加快向成套设备、智能电气等升级，从中低压为主向高压、特高压、智能电器和新能源领域拓展，产品涉及高低压电气、输配电设备、仪器仪表、成套设备、电线电缆、电力金具、电子元件、防爆产品等 200 多个系列、6000 多个种类、2.5 万多种规格产品，形成了庞大而比较完整的产业链和 20 个专业小行业。同时正泰、德力西、天正、人民等电气龙头骨干企业，以企业自主研发机构为依托，与"大院名所"建立了多重合作关系，基本形成了聚集国内外多方电气科研资源为乐清电气产业服务的企业科研体系。

（五）**科技投入大幅增长，创新产出成效显著**。科研机构不断发展壮大。乐清市电气行业现有国家级企业技术中心 3 家、省级企业技术中心 10 家、温州市级企业技术中心 42 家、博士后科研站 6 家、省级重点设计院 1 家、工业设计示范基地 1 家、省级企业工业设计中心 4 家，主导或参与制订国际标准 1 个、国家标准 226 个、行业标准 135 个。

科技投入总量大幅增长。2016 年，乐清市规上电气产业除从事研究与试验发展（R&D）活动人员比上年下降外，R&D 经费支出和新产品开发经费支出分别为 18.57 亿元和 11.13 亿元，比上年分别增长 4.76% 和 4.67%。

科技创新产出成效显著。2016 年，乐清市规上电气产业实现新产品产值 249.18 亿元，新产品销售收入 238.92 亿元，比上年分别增长 23.06% 和 21.79%。新产品产值占工业总产值的比重为 29.74%，比上年提高 4.06 个百分点；新产品销售收入占主营业务收入的比重为 31.99%，比上年提高 4.62 个百分点。

表 2　乐清市规上电气产业科技活动投入及新产品产值情况

指　　　标	2016 年	2015 年	增长（%）
R&D 人员数（人）	10265	10514	−2.37
R&D 经费支出（亿元）	18.57	17.73	4.76
新产品开发经费支出（亿元）	11.13	10.63	4.67
实现新产品产值（亿元）	249.18	202.49	23.06
新产品销售收入（亿元）	238.92	196.17	21.79
新产品产值占工业总产值的比重（%）	29.74	25.68	——
新产品销售收入占主营业务收入的比重（%）	31.99	27.37	——
R&D 经费支出占主营业务收入的比重（%）	2.49	2.48	——
新产品开发经费支出占主营业务收入的比重（%）	1.49	1.48	——

（六）出台优惠政策，积极引进高级人才。为了引进海外高层次人才，近年来乐清市陆续出台了《关于实施雁荡英才计划，大力推进人才强市建设的若干意见（试行）》《乐清市海外高学历紧缺人才回归计划实施办法（试行）》《关于鼓励和吸引海外高层次人才入驻乐清"千人计划"产业园创业创新的若干意见》《关于促进高端装备制造业（工业机器人）发展的若干意见》《乐清市高层次人才创业扶持资金、创业种子基金和创业贷款贴息资金管理办法》《关于引进人才子女就学有关事项的通知》等政策。2015 年 7 月，乐清市创办了温州"千人计划"乐清产业园，截至 2017 年 12 月，产业园已集聚两院院士 4 名、"千人计划"人才 35 名、温州"580"人才 12 名；其中 2 名两院院士、12 名"千人计划"人才、3 名温州"580"人才从事电气行业研究。搭建了乐清智能装备与制造研究院、国家低压电器产品质量监督检验中心、康诺生物医药公共服务平台三大产业发展平台，为海外人才创业创新服务。

三、制约因素

（一）技术人才匮乏。一是缺乏高层次人才。乐清市规上电气企业高级专业技术人员仅占人才总数的 1.0%，高级技师、技师、高级工合计占人才总数的 3.2%。二是小微企业人才短缺严重。乐清市电气行业高学历、高职称的人才主要集中在包括正泰、德力西、天正、人民在内的大型企业，以及高成长型、高新技术等企业。这 4 家企业拥有大学本科及以上学历人员 3767 人，占全行业的 41.6%；高级技术职称人员 231 人，占全行业的 39.4%。而中小微企业受企业规模和薪酬等影响，相比大型企业、重点企业更难留住人才。根据员工人数 100 人以下的 669 家规上工业企业数据显示，共有大学本科及以上学历人员 2283 人，高级技术职称人员 208 人，平均每家企业拥有大学本科学历的人才仅为 3.4 人，每 3 家企业才拥有一位高技术人才。三是主干基础人才难留。据调查发现，乐清市电气企业招聘的应届本科生 3 年后在职率为 45~55%，5 年后在职率为 15~30%，这些大专、本科生在企业经过 3~5 年的工作实践，已成为主干力量，但是由于人才配套相关的公共服务设施缺乏，以及婚姻、房价、子女受教育等问题困扰，使得人才主干队伍难以留住，最终无法让其为企业发展服务。四是初中级实用性人才需求量大。根据乐清市统计局 2017 年 2 月份对 250 家规上工业企业开展的抽样问卷调查数据显示，企业对人才的需求是"实用性人才需求多，顶尖人才需求少"，学历要求大专或本科毕业就可以。其中 58 家电气企业未来 3 年人才需求总量为 3257 人，机电一体化专业的需求量最多，为 728 人，占总需求量的 22.35%；其次为市场营销及国际贸易、电气工程及自动化、机械设计制造与自动化，分别占 16.83%、15.35% 和 15.23%；计算机应用、软件设计与电子信息技术、工商企业管理分别占 7.74% 和 6.26%；其他专业合计占 16.24%。

表3　乐清市58家电气企业未来3年人才需求量及占比

类　别	内　　容	人才需求量（人数）	占比（%）
机械类	机电一体化	728	22.35%
	机械设计制造与自动化	496	15.23%
	模具设计与制造	22	0.68%
材料类	金属材料工程	52	1.60%
	高分子材料与工程（塑料成型加工方向）	3	0.09%
电气信息类	电气工程及自动化	500	15.35%
电子信息工程类	计算机应用、软件设计与电子信息技术	252	7.74%
	电子工程	33	1.01%
经济管理类	工商企业管理	204	6.26%
	人力资源管理	27	0.83%
	市场营销及国际贸易	548	16.83%
	会计电算化及财务管理	92	2.82%
	产业经济学	20	0.61%
	物流管理	16	0.49%
	质量管理	39	1.20%
能源动力类	新能源	100	3.07%
	风力发电	20	0.61%
语言文学类	外语	97	2.98%
法学	法学	8	0.25%
合计		3257	100.00%

（二）工业用地严重不足。近几年，乐清市工业企业每年用地需求均在5000亩以上，但由于土地指标、可用土地、征地等因素制

约，实际供地仅占需求的五分之一左右。同时，供地价格偏高，2015年和2016年，每亩工业供地价格分别为53.97和63万元。2012年底，乐清市制造业正常经营企业15439户，其中拥有自有土地企业2392户，仅占15.5%。电气企业集中地柳市镇的比例更低，只有8.76%。很多电气企业或租用厂房，或分散在居民区内，严重制约了企业稳定和发展。

表4 2010-2016年乐清市工业供地情况

年　　份	2010	2011	2012	2013	2014	2015	2016
工业供地数（亩）	513	1414	866	1200	1318	436.5	397.57

由于土地等要素资源制约、政策环境影响，近年来陆续有成长型企业外迁。据统计，2009—2016年，乐清市共有130家企业整体外迁；另外，至少有上千家企业进行了部分迁移，在外地建立分公司或配套的生产线，或者把自己的研发、销售机构、生产基地等迁往外地。

表5 2009—2016年乐清市整体外迁企业数

年　　份	2009	2000	2011	2012	2013	2014	2015	2016	合计
外迁企业数（家）	14	17	10	14	13	15	21	26	130

像柳市和北白象镇的前50强企业绝大部分在外拥有厂房，虹桥镇前30强企业中就有22家在外地拥有生产基地，就连5家上市公司也都有外迁现象，行业内正泰、德力西、天正等部分龙头企业将占地

面积较多的大投资项目、新兴产业项目、高端项目、高层次生产环节转移至上海、杭州、江苏、安徽等地发展，对本地企业的技术辐射效应减弱，无法带动行业整体产品设计、技术研发的同步升级，本地产业已呈现出一定的"空心化"趋势。

（三）技术创新能力不足。乐清电气行业技术改造力度不够，行业装备比较差，工艺水平偏低，科技支撑能力较弱，与电气技术创新密切相关的实验室（站）、公共研发机构还不健全，特别是低压电器行业科研与新产品研发投入明显不足（平均仅销售额的1%左右），检测设备和自动在线检测技术的开发等严重滞后，产品整体档次水平属中档偏低，与国际先进水平仍然有一定差距。同时，集群内企业间纵向合作的协同性偏低，龙头企业虽然均有大量的中小配套企业，但他们之间仅限于订单采购，以龙头企业为主导的供应链上的技术、信息、知识等方面的共享和协同管理仍未普及，造成资金和创新能力弱势的配套企业，无法与龙头企业的产品设计和技术研发同步升级，并最终影响龙头企业整机的质量，也不利于充分发挥产业的集群效应。

（四）企业规模偏小。2016年，乐清市有小微电气企业538家，占规上电气企业总数的89.37%，平均每家资产5705.42万元，仅占规上电气企业平均数的34.71%；平均每家产值5936.41万元，仅占42.65%；平均每家利润259.06万元，仅占26.09%。

表6　2016年乐清市小微电气企业主要指标

指　　标	规上电气企业	其中小微企业	小微企业占规上电气企业的比重（%）
企业数（家）	602	538	89.37
平均每家资产（万元）	16438.01	5705.42	34.71
平均每家产值（万元）	13917.94	5936.41	42.65
平均每家新产品产值（万元）	5205.54	1193.17	22.92
平均每家主营业务收入（万元）	12407.77	5292.19	42.65
平均每家利润总额（万元）	992.87	259.06	26.09
平均每家用工人数（人）	171.49	89.77	52.35

（五）公共服务有待加强。生产性服务配套能力亟需整合提升，特别在物流、科技、融资、会展、培训服务方面有待进一步加强。如物流方面，目前仍主要依赖本地的小型货运站，"低小散乱"问题十分突出，导致制造企业物流成本较高，主要电气生产企业物流费用占销售成本的比例多在10%左右。金融服务方面，企业融资依然存在渠道窄、成本高的问题，风险投资等金融产品发展滞后，并且许多企业面临资金链和担保链断裂的风险。城市建设方面，乐清市城乡公共文化、教育、医疗、科技以及生活休闲等公共产品服务相对落后，对人才引进等工作产生较大负面影响。同时，政府部门在行政审批、环境执法、兼并重组、企业培育、产业优化升级、商务运营环境等方面的服务有待加强。

四、对策建议

（一）**推进空间集聚，建设"一城三基地"。**按照产业集聚和产业链配套的要求，对全市电气产业进行中长期空间布局，构筑功能明确、资源共享、联动发展的"一城三基地"，即以中国电器城为核心，加快建设规划面积达 30 平方公里的柳白电气新城，重点布局发展设计研发、电子商务、总部经济等电气产业生产服务性项目，着力将其打造成乐清电气产业技术高端集成区、总部经济区和电子商务集聚区；东延乐清经济开发区，重点引进和落实智能配电成套装置、特种（船用）电缆、高压变压器、高压节能型电力金具、远程通信智能控制器等项目，着力打造国内领先、国际竞争力强的现代工业电气装备制造基地；北拓乐清湾港区，重点引进科技孵化成果转化和乐商回归项目，着力打造成为电气创业创新基地；南联温州经济技术开发区金海园区，重点引进智能化电器生产及配件、远程通信智能控制器等项目，着力打造成高端电气制造基地。推动现有块状经济向现代产业集群转型升级，加快游离企业和零散项目向"一城三基地"产业区集聚，提升电气关键零部件和整机生产企业的集聚程度。

（二）**破解发展瓶颈，强化要素支持。**一要加强土地要素保障。确保每年新增建设用地要有 40% 以上用于工业，50% 以上工业用地指标用于电气行业。加快推进柳白电气新城、智能电气小镇和小微园建设，解决电气生产企业和新材料、表面处理等一批配套企业的用地问题。加强拆后空间利用，对符合规划要求的可以村集体名义建设标准厂房出租给中小电气企业使用。加快乐清经济开发区、乐清湾港区围垦速度及配套设施建设速度以增加新增用地。二要加强用能要素保障。加大电网基础设施建设，科学制定有序用电方案，优先保障电气产业重点企业用能。三要加强资金要素保障。加强企业与各类金融机构的对接与合作，优先保障成长型、科技型、新兴产业企业信贷需求。积极出台有力政策扶持企业上市，扩大优质企业直接融资渠道，支持其发行债券、短期融资券、中期债券。引导金融机构创新担保方式，以股权质押、应收款质押等担保方式向电气企业提供贷款。

（三）提高产品质量，推进结构优化。着力推进电气产业从低端制造向高端制造转变，从以低附加值产品向高附加值产品领域延伸，从以加工制造为主的低端制造环节向品牌连锁经销为主的高端品牌营销环节攀升，推进绿色电气产业链和智能电气产业链两条主导产业链建设。对电气产品关键件生产所必须的模具加工、注塑、冲压、焊接、热处理、电镀、线路板等技术、工艺和设备进行配置和改造。优化和提升高新技术产业、战略新兴产业、装备制造业在产业结构中的比例，推进产业间融合发展。逐步限制、淘汰低档产品，巩固提升第三代中低压电器产品质量和市场地位，加快设备小型化、元件智能化、系统网络化的第四代中低压电器的研发任务，并完成产业化和市场营销布局。支持有条件的企业积极采用高新技术、新原理、新工艺、新介质，进一步研发机电一体化和设备组合化、成套化、大容量化、高参数化的新一代高压及特高压电器。提高产品智能化，大力推进电气产品与传感器、物联网相结合，促进电气产业链向"微笑曲线"两端延伸、升级。

（四）加快"四换"步伐，促进产业提升。一是以"机器换人"为核心，鼓励电气企业进行技术改造和创新，引进自动化、智能化生产流水线，着力提升工业品质，实现劳动生产率和增加值双提升。二是大力推进"腾笼换鸟"，树立"亩产论英雄"的理念，不断提高单位土地、能源、环境容量等要素产出率，加大"大拆大整"力度，整治淘汰一批行业落后产能，腾出土地资源优先满足电气成长型企业用地需求。三是深入推进"空间换地"，通过新增空间规划、放宽容积率、低效用地再开发、老工业园区改造提升等措施，全力保障电气企业用地用房需求。四是加快"电商换市"步伐，大力支持电气企业开展电子商务应用和信息化改造，推广网上采购、网上交易、网上结算和网上服务，促进线上线下两大市场的融合。整合温州电气各类网站资源，进一步推进电气行业信息服务平台建设，对温州电气产品在网上进行集中发布、统一展示。

（五）突出龙头骨干，推进错位发展。继续扶持和培育正泰、德力西、天正、人民电器等行业龙头骨干企业做大做强，争取成为国内领先、世界著名的企业，并利用自身的品牌、资金、研发、销售等优势资源，通过联合、并购、控股、品牌经营和虚拟经营等方式对产业链上下游的关联配套企业进行整合重组，统一对国内外电气工程项目进行招投标、总承包，以发挥产业辐射和示范引领作用。围绕第四代电气产品发展方向，按照"补链""强链"的要求和转型发展的需要，重点引进一批国内外行业领军型企业和高技术成长型企业，以及一批符合产业导向、市场前景好、对区域发展和产业升级带动力强的重大项目。支持一批高成长性的小巨人围绕龙头骨干企业加强专业化分工协作，注重科技创新，发展"专精特新"产品，占据细分行业、细分市场的领先地位。鼓励广大中小微企业实现"个转企""小升规"，围绕龙头骨干和小巨人展开配套协作，建立稳定的供应、生产、销售等协作关系。同时，支持引进研发、物流、市场、教育培训等相关配套及服务企业，完善和拉长产业链条，完善产业内部分工细化和支撑体系。通过"建链、补链、延链、固链"，加快形成一批以优势龙头企业为依托，示范效应强、紧密型、稳定型的产业链联盟。

（六）加强技术合作，促进创新驱动。鼓励和支持企业与高等院校、科研院所开展创新战略联盟、校企联盟、技术转移联盟等多形式的产学研交流合作，实施重大产业化项目共性课题攻关，促进科技成果转化。扶持龙头骨干企业建立研究院，鼓励正泰、德力西等龙头企业发展高压、特高压电器领域高端产品，回迁成熟的高压项目，加强与本地企业的技术协作，实现研发资源本地化。全面推进"两化"深度融合，大力实施"互联网＋"行动，加快推进工业互联网、大数据、云计算、物联网在电气企业发展应用，推进智能制造单元、智能生产线、智能车间、智能工厂建设。加快建设和完善乐清市科技孵化创业中心、乐清市科技创新园、国家工业电器质量监督检验中心、省级电气工业设计示范基地、智能装备科技加速器、浙江省温州低压电器技术创新服务平台、浙江省工业电气公共科技服务中心等科技创新平台。积极整合本地检测、试验等科研资源，启动引进上海电科所等外部优势科研资源团队，打造产业共性技术研发平台。鼓励电气企业加大科研经费投入，加大核心技术和关键技术攻关力度，形成具有自主知识产权的核心技术和专利技术。鼓励企业积极创办院士工作站和博士后工作站，对总部仍在乐清，其在一线城市设立的研发中心能为乐清电气企业提供技术服务的，也应给予一定的奖励。兴办、组建各类科技金融中介服务机构，加大对科技型电气企业信贷支持。

（七）立足名企培育，打造名品名家。扶持和培育龙头骨干企业通过现代企业制度建设、整合兼并重组等途径做大做强，全面推进技术创新、管理创新、生产方式创新和商业模式创新，打造一批电气"名企"。积极申报和创建全国知名品牌创建示范区——乐清电气产业集聚区，引导企业依靠先进技术和过硬质量争创驰名商标和名牌产品，打造一批乐清电气名品。积极引导鼓励电气企业和行业协会主导参与制定修订国际标准、国家标准、行业标准、地方标准、联盟标准（团体标准），并依托品牌优势，规范整合众多贴牌加工的生产能力，扩大品牌经营规模。实施企业家素质提升工程，着力培养一批社会责任感和社会服务意识强"名家"。特别是要率先在新生代知名企业家、创新型（科技型）知名企业、高新型知名品牌上取得突破。加强对乐清电气产业区域品牌的保护和宣传，创新筹办好中国电器文化节暨国际电工产品博览会、乐清模具设备及塑料机械展览会等展会的同时，积极组织企业外出参加国际性展览、经贸交流、论坛等活动，着力提升乐清电气品牌在国内、国际的知名度。

（八）**完善园区配套，提升承载能力**。切实采取有力措施，加快园区的基础设施建设，完善功能配套和产业链配套，提升园区的承载能力。鼓励园区发展生产性服务业，吸引工业设计、管理咨询、现代物流、教育培训和融资担保等生产性服务业入驻园区。加强产城融合，提升核心区块开发建设水平，加强基础设施、生活设施和公共服务配套的整合提升，促进产业集群发展、资源集约利用、功能集合构建和人口有序转移。加快柳白新城、经济开发区、乐清湾港区的基础设施建设，重点加强教育、医疗、生活等方面的配套服务，完善老工业园区的生活配套，改善人才生活环境，重点解决外来人才子女就学问题。加快现代物流园区建设，整合本地物流资源，引进物流信息和信用服务机构，大力引进和培育第三方物流企业，打造现代物流服务平台。

（九）**加强人才引进，激励创业创新**。一是重点引进企业急需人才。推进温州"千人计划"乐清产业园建设，鼓励实现柔性人才扶持政策，吸引"国千""省千"人才来乐清创新创业。目前乐清市电气企业急需引进高端人才，特别是电力电子技术、电力自动化、集成电路、物联网、传感器等方面的人才，要通过与相关院校签订战略合作协议，加速人才聚集，为电气产业发展提供智力保障。二是加快乐清职业技术学院和高技能人才工作室建设，培养一批电气产业急需的高技能人才队伍，培育一批现代工匠。加强二代企业家的传承培训，打造一支高素质、创新型、复合型的职业经理人队伍。三是加大人才创业资助力度。要设立产业扶持基金，对符合《电器工业"十三五"发展指导意见》和乐清产业发展导向，在产业园落户的符合条件的入驻对象或其创办的企业，要给予创业扶持资金、创业种子资金支持，并给予银行贴息补助。对符合条件的人才及领军型创业创新团队的企业，优先安排入驻政府投资举办的各类园区；对企业必需的科研、生产用房给予租金减免；在科技项目开发、技术改造、产业转型升级、企业上市及地方金融扶持政策等方面，给予优先安排、推荐和兑现；对入选浙江省领军型创业创新团队的，按照省资助额给予配套资助。四是企业要加强对人才的引进和培养。加强企业文化建设，鼓励和支持人才参加各种业务学习和技术培训，营造良好的人才工作环境，多与人才进行感情交流，多给予关怀，帮助人才制定职业发展规划，使其愿意长期留在乐清创新创业并有成就感和获得感。要完善人才正向激励机制，如股权激励等，提升人才归属感，支持人才创新发展，拓展创新空间。

（十）改善政府服务，优化发展环境。围绕产业集群的培育发展，分别从突破要素制约、优化服务水平、加大政策激励等方面入手，集中力量、集中时间进行克难攻坚和开展重点帮扶工作。深化审批制度改革，大力推进"四清单一网"建设和"最多跑一次"，对重大电气产业项目建设实行"一事一议"方式，推行全程无偿代办，开通"绿色通道"，推进部门内部审批职能整合，强化限期审批、联合审批、网上审批，确保项目无障碍落地。做好企业应急转贷专项资金使用和企业风险应急处置工作，及时帮助企业防范和化解资金链、互保链风险。全面落实助企强工优惠政策，强化部门责任，健全政策扶持机制，加强监督检查，确保涉企政策落实到位，激发企业发展活力。

参考文献

［1］浙江省统计局，国家统计局浙江调查总队.2016浙江统计年鉴［M］.北京：中国统计出版社，2017.8.

［2］温州市统计局.2016温州统计年鉴［M］.北京：中国统计出版社，2017.9.

［3］乐清市统计局.2016乐清统计年鉴［M］.温州：乐清市统计局内部资料，2017.8.

［4］温州市人民政府.温州市电气产业提升发展规划（2014-2020）［R］.温州：温州市人民政府内部资料，2014.12.

［5］乐清市人民政府办公室.乐清市全面改造提升传统制造业（电气产业）实施方案（207-2020年）［R］.温州：乐清市人民政府办公室内部资料，2017.

［6］中共乐清市委，乐清人民政府.关于千亿级电气产业集群提升发展的决定［R］.温州：中共乐清市委内部资料，2014.8.

［7］臧国华.打造电气产业集群升级版需政企合力［N］.温州：乐清日报，2014.6.27.

（本文作者系赵顺招、陈明乾）

乐清市数字经济发展趋势与对策建议

（2019 年 12 月）

一、引言

随着新一轮科技革命和产业变革孕育兴起，互联网、大数据、云计算、人工智能等数字技术日新月异，数字经济成为发展最快、创新最活跃、辐射最广泛的经济活动，正在成为引领经济发展的重要引擎。党的十八大以来，党中央、国务院高度重视数字经济发展，相继出台了"中国制造 2025"、"互联网 +"行动、国家信息化发展纲要、促进大数据发展行动纲要、新一代人工智能发展规划等一系列重大战略和政策措施。2017 年 3 月，数字经济首次写入政府工作报告，数字经济在中国已上升为国家战略。2017 年 10 月，习近平总书记在党的十九大报告中提出，加快建设创新型国家，建设"数字中国"，发展数字经济等新兴产业。2017 年 12 月，浙江省委经济工作会议提出"把数字经济作为'一号工程'来抓"。2018 年 7 月，浙江省政府召开全省数字经济发展大会，提出争创国家数字经济示范省。根据省委省政府要求，乐清市深入实施数字经济"一号工程"，及时出台了《乐清市数字经济发展五年倍增行动计划（2018—2022）》，争创全省数字经济发展先行区。为此，本文试图浅述数字经济发展历程，解读数字经济的内涵及范围界定，分析探讨乐清数字经济发展现状、制约因素与对策措施，以期抛砖引玉。

二、数字经济的发展历程

"数字经济"并不是今天才有的概念。数字经济作为一种经济形态，伴随着 20 世纪 60 年代硅谷半导体产业的发展而兴起，并在计算机产业、信息产业、互联网产业的助力下，实现了快速发展和腾飞。"数字经济"（Digitaleconomy）词组首次出现于 1994 年《The San Diego Union-Tribune》报纸的一篇报道中。1996 年，入选全球最具影响力 50 位思想家的美国经济学家唐·塔普斯科特出版了一本名为《数字经济时代》的著作，详细论述了互联网对经济的影响，他被认为是最早提出"数字经济"概念的人之一。20 世纪 90 年代是数字技术发展的高潮，随着曼纽尔·卡斯特的《信息时代：经济、社会与文化》、尼葛洛庞帝的《数字化生存》等著作的出版和畅销，数字经济理念在全世界流行开来。2000 年前后，美国商务部出版《浮现中的数字经济》和《数字经济》研究报告，被广泛接受，数字经济的提法正式成型。

各国普遍认为数字经济是世界经济的未来，大力发展数字经济成为各国共识。从 2016 年二十国集团领导人杭州峰会到 2017 年的汉堡峰会，数字经济都是重要议题，而且杭州峰会发起《二十国集团数字经济发展与合作倡议》，强调各成员国要加强沟通与合作，促进数字经济的繁荣和蓬勃发展。2017 年首次 G20 数字化部长会议发布了《G20 数字经济部长宣言》《数字化路线图》，明确推进数字经济发展的重点领域。近年来，世界主要国家都将发展数字经济作为优先事项，纷纷出台数字经济发展战略、数字议程等，以提升国家竞争力、促进经济增长和社会发展。数字经济浪潮正在席卷全球，新技术的持续扩散、日益复杂的生态系统、不断重构的产业价值链、新竞争规则形成，对国家创新体系、产业竞争格局、企业组织方式和个人生产生活方式带来深刻变革，将成为经济发展的核心引擎，正在重构世界经济新版图。

三、数字经济的内涵及范围界定

（一）**数字经济的内涵。**数字经济是信息经济、网络经济、信息化发展的高级阶段，是继农业经济、工业经济之后的新型经济形态。G20 杭州峰会《二十国集团数字经济发展与合作倡议》对数字经济的定义是：数字经济是指以使用数字化的知识和信息作为关键生产要素、以现代信息网络作为重要载体、以信息通信技术的有效使用作为效率提升和经济结构优化的重要推动力的一系列经济活动。这一定义的外延很广，远远超出了狭义的信息产业。数字经济具有数字化、网络化、智能化、普惠化特征，是继农业经济、工业经济等之后的一种新的经济社会发展形态，涵盖农业、工业、服务业、贸易、金融、交通、旅游等国民经济各行业、各领域。

（二）数字经济的类型。根据《中国数字经济发展白皮书（2017年）》和《2017年中国数字经济发展报告》，数字经济主要包括数字产业化和产业数字化两大部分。

1. 数字产业化，也称基础型数字经济或数字经济基础部分，统计上称为数字经济核心产业，主要包括计算机通信和其他电子设备制造业、电子信息机电制造业、专用电子设备制造业、软件和信息技术服务业、互联网及其相关服务业、电信广播电视和卫星传输服务业、文化数字内容及其服务业七大部分，它是数字经济的核心。

2. 产业数字化，也称数字经济融合部分，它是数字经济的主体，又可具体分为 4 个类型：一是融合型数字经济，指信息采集、传输、存储、处理等信息设备不断融入传统产业的生产、销售、流通、服务等各个环节，形成了新的生产组织方式，传统产业中的信息资本投入带来的产出增长份额，代表业态有工业互联网、智能制造等。二是效率型数字经济，指信息通信技术在传统产业的普及，促进全要素生产率提高而带来的产出增长份额。三是新生型数字经济，指信息通信技术与传统产业融合不断催生出新技术、新产品、新模式、新业态，代表业态有云计算、大数据、人工智能、区块链等新技术，个性定制、电子商务、移动支付等新模式，网购、网约车等新业态。四是福利型数字经济，指信息通信技术普及带来了消费者剩余和社会福利等正的外部效应，代表业态有共享单车等分享经济。

目前，国家及浙江省统计局对数字经济核心产业已建立完整的统计分类目录，并进行增加值核算。但对数字经济融合部分（溢出部分），即各部门通过使用数字技术而带来的产出增加和效率提升的这部分增加值，无法直接核算，一般通过建立数学模型测算。

根据《浙江省数字经济核心产业统计分类目录》，计算机通信和其他电子设备制造业、电子信息机电制造业、专用电子设备制造业、互联网及其相关服务业、软件和信息技术服务业等7大类、128个小类行业，属于数字经济核心产业。

四、乐清市数字经济发展基础与潜力

（一）乐清主导产业属于数字经济核心产业。乐清市经济以"涉电"闻名，拥有工业电气、电子元器件、汽车电子、仪器仪表、精密模具等十余个优势特色产业集群，荣获中国电器之都、中国电子元器件生产基地等20多张"国字号"金名片，并在温台地区率先创建千亿级电气产业集群。根据《浙江省数字经济核心产业统计分类目录》，乐清市主导产业中输配电及控制设备制造，电子元件电子专用材料制造，电线、电缆、光缆及电工器材制造，通用仪器仪表制造，电子器件制造5个中类行业，属数字经济核心产业。

2018年，乐清市规上数字经济制造业企业326家，占规上工业企业数的27.5%；规上数字经济制造业主要分布在电气机械和器材制造业，共175家，占数字经济企业数的53.7%；其次为计算机、通信和其他电子设备制造业 116 家，占 35.6%；仪器仪表制造业 29 家，占 8.9%；专用设备制造业 6 家，占 1.8%。2018 年乐清数字经济制造业实现工业总产值 331.06 亿元，比上年增长 20.1，占规上工业的比重为 25.1%；实现工业增加值 60.45 亿元，占规上工业的比重为 22.1%。2018 年，乐清市数字经济发展综合评价得分 104.5 分，在全省 89 个县（市、区）中排名第 7 位，列入全省第一梯队，正全力打造数字经济发展先行区。

表 1　2018 年乐清市规上数字经济企业分行业情况

行业名称	企业数（家）	占数字经济企业数的比重（%）
合计	326	100.0
电气机械和器材制造业	175	53.7
计算机、通信和其他电子设备制造业	116	35.6
仪器仪表制造业	29	8.9
专用设备制造业	6	1.8

（二）新生型数字经济得到长足发展。乐清市数字经济正在加快向农业、工业和服务业等国民经济各行业各领域融合渗透，智慧交通、智慧医疗、智慧政务不断推进。特别是以"互联网+"为代表的新经济、平台经济快速兴起，网络营销模式不断创新。2018 年，全市实现网络零售额 192.02 亿元，比上年增长 28.2%，网络销售总量居浙江省各县市（区）第 26 位；同时，上榜县域电商销售百强，在全国排名第 15 位；83 个淘宝村入选全国十大淘宝村集群，在重点监测第三方电子商务平台上共有各类活跃网络零售网店 1.43 万家，并

有 7000 家企业入驻阿里巴巴诚信通。

（三）千亿级电气产业集群发展提升成为乐清数字经济发展的强大引擎。乐清千亿级电气产业集群发展，必须优化和提升高新技术产业、战略新兴产业、装备制造业在产业结构中的比例，推进产业间融合发展。着力推进电力产品结构从低端制造向高端制造转变，从低附加值产品向高附加值产品领域延伸，加快从单一的低压电器、电子元器件领域向成套设备、智能电子、高压、特高压等高新技术领域拓展，重点推进绿色电气产业链和智能电气产业链两条主导产业链建设。可以说，产业数字化、数字产业化，是乐清千亿级电气产业集群发展提升的必由之路，从而必将推动数字融合赋能，培育数字新兴产业产品或服务，成为乐清数字经济新增长点。

（四）良好的产业政策为乐清数字经济发展创造了必要条件。根据《乐清市数字经济发展五年倍增行动计划（2018—2022）》，为数字经济发展、传统企业数字化改造提供财政专项补助，2018 年乐清市财政下达"两化"融合补助资金 480 万元，兑现"两化"融合示范和信息经济重点企业奖励资金 700 万元。同时，建立数字经济发展产业基金，助力数字经济创业创新，2018 年 5 月成立总规模为 9 亿元的物联网产业基金，目前已顺利投资东亚电子、正泰物联网科技孵化公司两个项目，未来将继续加大投资，为数字化项目孵化、量产提供创业资金支持。

（五）数字经济重大项目建设将为乐清数字经济提供有力支撑。正泰集团投资开发的正泰（乐清）物联网传感产业园项目，是以"物联网真实应用场景＋数字化体验＋博览会式观展＋工业旅游景点"融合的工业物联网沉浸式体验特色园区，将构建物联网解决分享体验中心、数字化技术创新赋能中心、商务共享服务中心，打造数字化改革与绿色低碳双创高地。由在京乐清籍企业家黄献锋先生投资开发的浙江云谷磐石数据中心、浙江云谷互联网创新中心两大项目，令人关注。其中浙江云谷磐石数据中心应用特色低碳节能技术，拥有 8000 架机柜，是目前温州地区规模最大的 IDC 机房，将为乐清网络基础设施提升建设提供强大的数据储存支持；浙江云谷互联网创新中心，可引进数字经济头部企业，通过构筑大数据、超级计算等创新研发平台，有效推动云计算与传统制造业深度融合，助推乐清产业数字化转型升级。

五、乐清数字经济发展的制约因素

（一）**数字化基础薄弱**。制造业是实体经济的主战场，是供给侧结构性改革的重要领域。乐清市制造企业数字化发展不平衡不充分问题依然突出，多数企业数字化水平较低，网络化、智能化演进基础薄弱，原创性的技术和产品缺乏；工业大数据开发利用不足，系统性、平台级技术和解决方案的创新仍有差距。

（二）**平台支撑不足**。工业互联网平台是实体经济全要素连接枢纽、资源配置中心和智能制造大脑。乐清市工业互联网平台起步较晚，目前有乐清智能装备云、电气行业云两个区域行业级工业互联网公共服务平台，处于刚刚上线或试点应用阶段，平台商业成熟度低，龙头企业带动力弱，核心能力薄弱，生态相对滞后。乐清信息基础设施同先进地区相比仍然滞后，如工业互联网等数字技术研发应用需要完善的 5G 网络支持，但因存在站址难以获取，高速光纤铺设遇到管道瓶颈等问题，极大影响到 5G 网络建设。

（三）数字经济制造业层次偏低。2018 年，乐清市规上数字经济制造业企业主要集中在输配电及控制设备制造（117 家）、电子元件制造（88 家）、电线电缆制造（50 家）、电子器件制造（22 家）、电工仪器仪表制造（19 家）、工业自动控制系统装置制造（10 家）等行业，这些都是传统优势行业，产品结构多处于中低端，科技含量不高，产品附加值较低，集成电路、物联网传感器、智能硬件等产业发展基础相对薄弱，未能涌现更多新一代的高效智能、节能环保型的战略性新兴产品。

表 2　2018 年乐清市数字经济制造业分行业情况

行业分类	企业数（家）	工业总产值（万元）	增加值（万元）
输配电及控制设备制造	117	1178827	234455
电子元件及电子专用材料制造	88	871356	228479
电线、电缆、光缆及电工器材制造	50	441235	64476
电子器件制造	22	196903	38775
电工仪器仪表制造	19	307323	83810
工业自动控制系统装置制造	10	54519	11484
电子和电工机械专用设备制造	6	27148	7290

续表

行业分类	企业数（家）	工业总产值（万元）	增加值（万元）
电机制造	5	153986	-90319
通信设备制造	3	32788	12347
计算机制造	2	5421	920
其他电气机械及器材制造	2	11341	1960
其他电子设备制造	1	3702	644
照明器具制造	1	26096	10133
合计	326	3310646	604455

（四）数字经济服务业发展偏缓。数字经济核心产业包括制造业和服务业，从数据比较看，乐清市数字经济核心产业服务业发展明显滞后。2018年，全市规上软件及其服务业、信息网络传输及其服务业、广播影视数字内容及其服务业的企业有9家，营业收入2.61亿元，仅实现增加值1.01亿元，不足温州的1%。同时，没有一家体现数字经济质量的软件及其服务业，而是以影院为主，在规上数字经济产业服务业9家中就占了4家。

表3　2018年乐清市规上数字经济核心产业服务业分行业情况

行　　业	企业数（家）	营业收入（万元）	增加值（万元）
软件和信息技术服务业	0	0	0
电信、广播电视传输服务业	2	15407	7665
互联网和相关服务	3	6667	1616
广播影视数字内容及其服务业	4	4004	838
合计	9	26078	10119

（五）新生数字技术应用深度不够。数字经济主要指的是通过大数据、人工智能等技术的广泛应用，以及与各类经济活动的深入融合。但是从目前看，大数据、云计算、人工智能、区块链等技术在乐清市应用的深度广度不够，还没有整机生产机器人等智能设备的企业，即使生产人工智能配件的企业也是凤毛麟角；同时，数字经济融合部分主要体现在信息技术与工业领域的融合上，而数字经济与服务业的融合、与城市建设和管理上的融合，以及农业的融合还待进一步深入。

（六）跨界融合型人才出现结构性短缺。科研技术人员总体数量较少，专业技术人才缺口较大。电子技术、通信、计算机、互联网、电子商务、大数据、人工智能、金融、经济与管理等方面人才尤其紧缺。既熟悉行业业务需求，又掌握大数据技术与管理的复合型人才资源较为匮乏，大部分企业缺乏精通信息化与生产制造的复合型人才。高端人才和复合型人才的结构性短缺成为制约数字经济创新发展的重要瓶颈。

六、加快乐清数字经济发展的对策建议

（一）加大网络基础设施建设力度。数字经济发展离不开信息基础设施强有力的支撑。在云（云计算、大数据）、网（互联网、物联网）、端（智能终端、软件应用）等基础设施支撑方面下更大的功夫，加快以5G、NB-IoT窄带物联网、IPv6等为代表的新一代信息网络基础设施建设，推进关键技术领域的协同创新体系和技术研发，加快部署新型、融合、集约、绿色的数字应用设施，不断夯实驱动数字经济发展"基础中的基础"。

（二）加快传统行业数字化改造步伐。加快布局工业互联网平台，为传统产业平台化、生态化发展提供新型应用基础设施，着力培育一大批成本低、服务好、产品过硬的集成解决方案提供商。加快数字化技术、装备、系统在生产过程中的应用，进一步提升工业企业关键工序数控化率和数字化生产设备联网率。大力推动企业内网改造，推进连接中小企业的专线建设，提升企业研发、设计、生产、销售、服务网络化水平。借鉴"新昌模式"，以电气行业省级智能制造示范市建设和世界级先进电气产业集群建设为契机，加快电气数字化创新设计基地、乐清智能装备科技加速器等空间载体的建设力度，打造一批电气产业数字化改造示范项目，发展以智能型、节能型、网络型为特征的第四代低压电器、高压及特高压电器、智能电网设备，推动产品由以中低压为主向高压、成套、智能电气方向发展，促进产品结构升级。以发展新型电子元器件、精密接插件为重点，实现电子行业区域创新资源的集聚，形成合理有效的资源配置能力和产业自主创新能力，带动当地数字产业结构优化。深入实施"企业上云"行动，培育若干世界先进和国内一流企业。

（三）加快信息技术与实体经济的深度融合。一是加速推动工业数字经济。大力促进数字技术与整个制造业本身、制造业产业链和智能制造点对点的三次融合，支撑制造业向智能化、服务化、绿色化全面升级，加快数字化技术、装备、系统在生产过程中的应用，加快构建以智能制造为重点的新型制造体系。加快推进千亿级电气产业集群数字化转型，在智能电气、物联网传感器、半导体、智能装备制造等领域加快和数字化融合。打造一批具有行业特色的工业技术软件和行业软件，提升产品嵌入式软件研发水平，驱动制造业智能化转型，全面推进省级软件和信息服务业特色基地建设，造就一批具有核心竞争力的数字经济骨干企业和龙头企业，助推中小企业充分利用高校科研能力和大企业的数字化设施，加速科学研究与技术成果转移转化过程，提升技术迭代和创新能力，提高创新资源利用率，充分发挥协作与创新交流枢纽的作用。二是推动服务业数字经济引领发展。深入推动服务业数字化、网络化转型，提升精准服务、高效服务、智能服务能力，在共享经济、智慧物流等领域培育新增长点、形成新动能。推进研发设计、现代物流、检验检测服务、供应链管理、节能环保服务等生产性服务业数字化转型，利用互联网搭建智能设计、智慧物流、智慧供应链平台，进一步推进数字电商平台，鼓励企业利用互联网平台优化配置资源，发展分享经济、协同经济、体验经济新模式，以数字技术助力电子商务、金融、教育、远程医疗、智能交通等新业态更快发展。三是推动一二三产融合发展。充分应用物联网、大数据等新一代信息技术，建立农业决策系统、农业数据资源系统，不断完善数字农业平台的服务功能，促进农业生产、经营、管理、服务数字化，大力发展智慧农业，壮大农村新产业新业态，推进农业全产业链延伸和升级。

（四）加强数字经济人才引进和培养。随着数字技术向各领域渗透，传统制造业转型发展需要的人才越来越需要具有"双重"技能——既要懂得新一代信息技术的数字技能，又要懂得工业制造流程和生产运营等方面技术的专业技能。鼓励企业与高校联合探索多元化的产教培养模式，重点培养数字经济领域紧缺技能人才。健全留才和服务人才的工作机制，依托"人才新政42条意见"，采取公开选拔、引进挂职、引进任职、市场招聘、柔性引才等多种方式，加强两院院士、国家"千人计划"和数字经济领军人才引进。进一步加强人才配套服务建设，优化人才创业创新环境与生活居住环境，在落户、购房、配偶就业、子女入学、医疗社保、居留和出入境证件申请等方面提供便利服务。制定实施全民数字技能教育和培训计划，打造多种形式的高层次、复合型人才培养平台，扩大职业培训，培养一批具备工匠精神和数字技能的数字工匠，为科技和产业发展提供更加充分的人才支撑。

（五）加大数字经济政策扶持力度。深入贯彻《乐清市数字经济发展五年倍增行动计划（2018—2022年）》，并出台精准扶持政策，加大对数字经济领域重大平台、重大项目的扶持力度，对被认定为制造业与互联网融合、个性化定制、"互联网＋"协同制造、上云标杆等两化融合类示范试点、信息经济重点企业、电子信息重点企业和工信部两化融合贯标认定企业，予以一定资金的奖励。鼓励国内数字经济重点企业在乐清落地，或在乐清设立研发中心或分支机构（子公司），对实际到位资本金达5000万元（含）以上的，给予一次性落户奖励；支持数字经济行业龙头企业建设公共服务云平台、大数据中心、软件创新中心，经市政府认定后，按照项目实际投资额的一定比例予以补助。将政府扶持资金原有的"撒胡椒粉"做法转变为"定向精准投放"，确保扶持一家企业，就能树立一个标杆。要积极引导银行等金融机构加大对企业数字化项目的优先信贷，畅通企业融资渠道。引导产业投资基金更多投向关键领域和短板领域，撬动更多社会资本参与发展数字经济。

（六）积极营造数字经济发展良好环境。深化"放管服"和"最多跑一次"改革，最大限度地清理和调整不适应数字经济发展的行政许可、商事登记等事项及相关制度，消除阻碍数字经济新业态、新模式发展壁垒，完善政务配套服务体系，推动形成全社会热情拥抱数字经济的良好环境，让数字经济的种子在新时代的瓯越大地生根发芽、茁壮成长。加强事中事后监管，对新技术新业态监管要鼓励创新、包容审慎，推动建立以信用为基础、以新一代信息技术为支撑的监管体系，强化数字治理手段建设，充分发挥行业自律机制在规范市场行为和保护企业合法权益等方面的积极作用，鼓励第三方及用户参与行业治理，推进多元治理体系建设。充分利用大数据，推进政府决策科学化、社会治理精准化、公共服务高效化，推动从单纯的政府监管转向社会协同治理；稳步推进政府数据开放，打通信息壁垒。

参考文献

［1］李颋，张婵 ."数字经济"与"实体经济"如何融合创新［N］. 北京：光明日报第 13 版，2018.8.16.

［2］黄茂兴，唐杰等.G20数字经济发展现状及提升策略［N］.北京：光明日报第14版，2018.12.3.

［3］潘云鹤.把握数字经济发展新趋势［N］.杭州：浙江日报第11版，2018.7.24.

［4］张新红.发展数字经济具有重要意义［N］.北京：经济日报第5版2016.11.24.

［5］梅宏.建设数字中国：把握信息化发展新阶段的机遇［N］.北京：人民日报第5版，2018.8.19.

［6］乐清市统计局.2018乐清统计年鉴［M］，温州：乐清市统计局内部资料，2019.10.

（本文作者系赵顺招、陈明乾）

乐商回归助推乐清打造高质量发展建设共同富裕示范区县域标杆的调查与思考

（2022 年 1 月）

一、引言

2021 年是党中央国务院扎实推进共同富裕工作元年。根据党中央国务院、省委省政府及温州市委市政府决策部署，乐清市委市政府出台了《乐清打造高质量发展建设共同富裕示范区县域标杆行动方案（2021—2025 年）》。徐建兵书记在乐清市第十五次党代会报告中明确指出，要全面落实省委、温州市委各项决策部署，聚焦聚力忠实践行"八八战略"，奋力打造"重要窗口"，锚定打造高质量发展建设共同富裕示范区县域标杆这一总目标，夺取"十大标志性成果"，在九个方面走前列、当标兵，全力打造"醉美之城·幸福乐清"。为此，市投资促进服务中心认真贯彻市委部署，学习领会共同富裕思想理论，结合本部门工作职能，总结分析乐商回归创业创新创富工作，研究探索乐商回归助力本市打造高质量发展建设共同富裕示范区县域标杆的制度安排、实践路径及组织实施，以期抛砖引玉。

二、共同富裕的思想理论与顶层设计

（一）共同富裕是自古以来中国人民的一个基本理想，更是社会主义的本质要求。孔子说："不患寡而患不均，不患贫而患不安。"孟子说："老吾老以及人之老，幼吾幼以及人之幼。"《礼记·礼运》具体而生动地描绘了小康社会和大同社会的状态。按照马克思、恩格斯的构想，共产主义社会将彻底消除阶级之间、城乡之间、脑力劳动和体力劳动之间的对立和差别，实行各尽所能、按需分配，真正实现社会共享，实现每个人自由而全面的发展。改革开放以来，我国通过允许一部分人、一部分地区先富起来，先富带后富，极大解放和发展了社会生产力，人民生活水平不断提高。党的十八大以来，以习近平同志为核心的党中央团结带领全党全国各族人民在中华大地上全面建成了小康社会，历史性地解决了绝对贫困问题。这是具有里程碑意义的大事。消除绝对贫困后，下一步做什么？那就是适应社会主要矛盾的变化，更好满足人民日益增长的美好生活需要，必须把促进全体人民共同富裕作为为人民谋幸福的着力点，推动全体人民共同富裕取得更为明显的实质性进展。

（二）实现共同富裕是证明中国特色社会主义制度优越性的试金石。当前，全球收入不平等问题突出，一些国家贫富分化，中产阶层塌陷，导致社会撕裂、政治极化、民粹主义泛滥，教训十分深刻。中国必须坚决防止两极分化，促进共同富裕，实现社会和谐安定。仅就资本主义的发展历史和理论来看，资本主义的确可以在市场经济的竞争中创造出巨大财富，也可以为世界上很多问题提供解决方案，但其本质决定了很难在资本主义制度下推动、发展与实现共同富裕。不同于资本主义的国家，当今中国社会所追求的共同富裕，是扎根于中国特色社会主义制度基础之上的，是一种经济财富与社会财富、精神财富并重的可持续性发展过程，通过不断实践，为世界构建出一种相对先进的共同富裕方案是可能的。从这个意义上来说，实现共同富裕是证明中国特色社会主义制度优越性的试金石。探索实施共同富裕的中国方案，形成一批可复制、可推广的成功经验，应该说是充满希望的，也是构建人类命运共同体的时代要求。

（三）习近平总书记对扎实推进共同富裕作出重要论述，为我们提供根本遵循。习近平总书记指出："共同富裕是社会主义的本质要求，是中国式现代化的重要特征。我们说的共同富裕是全体人民共同富裕，是人民群众物质生活和精神生活都富裕，不是少数人的富裕，也不是整齐划一的平均主义。""总的思路是，坚持以人民为中心的发展思想，在高质量发展中促进共同富裕，正确处理效率和公平的关系，构建初次分配、再分配、三次分配协调配套的基础性制度安排，加大税收、社保、转移支付等调节力度并提高精准性，扩大中等收入群体比重，增加低收入群体收入，合理调节高收入，取缔非法收入，形成中间大、两头小的橄榄型分配结构，促进社会公平正义，促进人的全面发展，使全体人民朝着共同富裕目标扎实迈进。"

（四）党中央国务院对浙江高质量发展建设共同富裕示范区作出总体部署，省委省政府及温州市委市政府及时出台实施方案和行动方案。《中共中央国务院关于支持浙江高质量发展建设共同富裕示范区的意见》指出，以习近平新时代中国特色社会主义思想为指导，坚持稳中求进工作总基调，坚持以人民为中心的发展思想，立足新发展阶段、贯彻新发展理念、构建新发展格局，紧扣推动共同富裕和促进人的全面发展，坚持以满足人民日益增长的美好生活需要为根本目的，以改革创新为根本动力，以解决地区差距、城乡差距、收入差距问题为主攻方向，更加注重向农村、基层、相对欠发达地区倾斜，向困难群众倾斜，支持浙江创造性贯彻"八八战略"，在高质量发展中扎实推动共同富裕，着力在完善收入分配制度、统筹城乡区域发展、发展社会主义先进文化、促进人与自然和谐共生、创新社会治理等方面先行示范，构建推动共同富裕的体制机制，着力激发人民群众积极性、主动性、创造性，促进社会公平，增进民生福祉，不断增强人民群众的获得感、幸福感、安全感和认同感，为实现共同富裕提供浙江示范。到 2025 年，浙江省推动高质量发展建设共同富裕示范区取得明显实质性进展；到 2035 年，浙江省高质量发展取得更大成就，基本实现共同富裕。《浙江高质量发展建设共同富裕示范区实施方案（2021—2025 年）》指出，忠实践行"八八战略"，奋力打造"重要窗口"，牢牢把握坚持党的全面领导、以人民为中心、共建共享、改革创新、系统观念"五大工作原则"，紧紧围绕高质量发展高品质生活先行区、城乡区域协调发展引领区、收入分配制度改革试验区、文明和谐美丽家园展示区"四大战略定位"，按照到 2025 年、2035 年"两阶段发展目标"，创造性系统性落实示范区建设各项目标任务，率先探索建设共同富裕美好社会，为实现共同富裕提供浙江示范。率先在推动共同富裕方面实现理论创新、实践创新、制度创新、文化创新，到 2025 年推动高质量发展建设共同富裕示范区取得明显实质性进展，形成阶段性标志性成果。《温州打造高质量发展建设共同富裕示范区市域样板行动方案（2021—2025 年）》充分展现"在温州感受幸福中国"的美好图景，努力成为浙江高质量发展建设共同富裕示范区的市域样板。

三、共同富裕的乐清图景与"四梁八柱"

乐清市地处浙江东南沿海，为温州大都市区北翼副中心。全市陆地面积 1395.5 平方公里（"七山一水二分田"），海域面积 284.3 平方公里，拥有国家 AAAAA 级旅游风景区雁荡山和"海上牧场"乐清湾，下辖 14 镇 8 街道 3 乡，现有户籍人口 131.8 万，外来人口 63.7 万，同时有近 30 万人外出经商办企业。作为改革开放先行区、民营经济先发地，乐清拥有中国电器之都、中国电子元器件生产基地、中国精密模具生产基地等 20 多张"国字号"金名片，成功获评国家先进制造业集群。乐清坚持以人民为中心的发展思想，"大民生"建设如火如荼推进，城乡生态环境全面提质，成功获评国家园林城市、省级生态文明建设示范县市。2021 年，全市预计实现 GDP1400 亿元，财政总收入 167.8 亿元，其中一般公共预算收入 98 亿元，城镇常住居民人均可支配收入 72800 元，农村常住居民人均可支配收入 41500 元，综合实力跃居全国百强县市第 14 位、中国创新百强县市第 11 位，获评 2021 中国最具幸福感城市。

乐清的地理环境、资源禀赋、城乡形态、发展水平、产业基础和社会结构，都是全省改革开放以来持续发展的一个缩影，乐清推动共同富裕的实践将对全省具有很强的典型意义和示范意义。为此，乐清市第十五次党代会决定，系统谋划实施一批创新性突破性引领性重大举措，匠心打造如下"十大标志性成果"，以便构筑共同富裕的乐清图景，不断提升"重要窗口"的乐清辨识度和影响力。

（一）冲刺全国十强。坚定扛起温州发展排头兵和顶梁柱的使命担当，在新一轮区域竞争中比学赶超、争先进位，全力跻身全省第一方阵最前列，奋进全国县域经济前十强。到 2026 年，实现地区生产总值突破 2000 亿元，工业总产值突破 4000 亿元，规上工业增加值超 600 亿元；财政总收入超 258 亿元，其中一般公共预算收入超 150 亿元。

（二）打造数字高地。以数字化改革为引领，全面落实"152"工作体系，大力推进产业数字化、数字产业化，率先形成与数字变革时代相适应的生产方式、生活方式和治理方式，让城市更聪明、经济更智慧、治理更高效、生活更便捷。

（三）落地百亿项目。深入实施谋大招强"一号工程"，以大项目支撑大产业、带动大发展，围绕延链补链强链育链，大力招引、培育、落地一批百亿级项目，确保实现百亿级单体制造业项目"零突破"，为全市经济发展注入新动能。

（四）**建设未来城市**。秉持"城市让生活更美好"的理念，抢抓国家县城新型城镇化示范创建机遇，面向现代化、面向未来，构建未来社区、未来乡村、未来工厂等城市未来新场景，赋予城市宜居、绿色、韧性、智慧、人文的品质内涵。

（五）**重振雁荡雄风**。大力探索雁荡山高质量发展路径，高标打造国际一流休闲旅游康养度假胜地；以雁荡山为龙头，推动核心景区"内外"开发、周边乡镇联动发展，加快形成大雁荡旅游发展格局，全域绘就"山水诗路·诗画乐清"美丽图景。

（六）**实现乡村振兴**。以"农村让人们更向往"为目标，深化"千万工程"建设新时代美丽乡村，高标建成一批共同富裕带和美丽乡村风景线，推动农业与工业争辉，率先闯出城乡融合、共富共美新路子。

（七）**构建高铁枢纽**。全力争取乐清站接轨杭温高铁、温福高铁、甬台温高铁，融入"全省1小时交通圈"，构建温州北翼现代综合交通枢纽，加快联接沪杭甬、融入长三角。

（八）**兴建东方大港**。深入贯彻"海洋强省"战略，突出乐清湾港区的温州主港区地位，推动全方位提级扩能，加快港产城融合发展，不断提升港口综合竞争力和对外开放水平，打造东南沿海对外开放重要口岸。

（九）**创办本土大学**。以教育部和省政府共建温台职教创新高地为契机，深化与全国知名大学产教融合、校地合作，实现高等院校"零突破"，为乐清现代化建设提供强劲的人才支撑。

（十）**保障山海安澜**。聚力做好"水"的大文章，念好新时代"山海经"，把乐清人民的水碗牢牢端在自己手里，以水灾害防控、水资源开发、水生态保护为核心，开展山溪、水库、河网、海塘、海湾全域综合治理，提升城市防洪排涝能力，谋划打造以滨海大道为主干线的沿海生态走廊、安全屏障，保一方平安，促一方发展。

以上"十大标志性成果"将共同构成乐清打造共同富裕示范区县域标杆的"四梁八柱"。其中，冲刺全国十强，产业升级是基础，要以落地百亿项目、打造数字高地为支撑；打造国家县城新型城镇化标杆，特色品牌是标识，要以建设未来城市为引领；融入全省大湾区、大通道建设，能级提升是核心，要以构建高铁枢纽、兴建东方大港为抓手；打造共同富裕示范区县域标杆，城乡融合是关键，要以重振雁荡雄风、实现乡村振兴、创办本土大学、保障山海安澜为重点。

四、在外乐商的规模实力与回归业绩

（一）**乐商在外再造了一个超过乐清市域内财富总量的"乐清人经济"**。改革开放之初，伴随着温州放手发展民营经济的春风，一部分乐清人率先打破传统体制束缚，游走他乡，闯荡市场，成为"先富起来"的那"一部分人"。长期以来乐清外出人口近30万，主要为经商办企业人员，号称"30万在外乐商"，分布在全国各大中小城市，从事各行各业，完成资本原始积累后，许多人成为当地的明星企业家、知名人士或隐形富商。据不完全统计，近30万乐商在全国各地累计投资达到2000亿元以上，创办规模以上工业企业约3800家，创办商品交易市场约230个，实现年工业总产值超过2500亿元，年市场成交额达到2500亿元以上。乐商在外创造的"乐清人经济"总量超过了乐清本土经济总量，成为独特的区域经济现象。

（二）异地温州商会、异地乐清商会是在外乐商首创的社会团体的组织创新之举。自1995年第一家异地温州商会——昆明总商会温州商会由乐清人牵头成立至今，以在外乐商为主导力量的温商在全国各地地市级以上城市成立了268家异地温州商会，目前异地温州商会中会长为乐清籍人士的占33%，商会理事以上骨干人员为乐清籍人士的约占50%以上（详见表1：全国异地温州商会乐清籍现任会长汇总表）。与此同时，在外乐商在乐商聚居的国内各个城市陆续成立了28家异地乐清商会（详见表2：全国异地乐清商会汇总表）。这些异地温州商会、异地乐清商会是在外乐商相互沟通交流的平台，获取商业合作资讯的场所，维护自身合法利益的组织，也是加强对外联络的窗口，促进区域经济合作的桥梁，推进乐商回归创业创新创富的纽带。

（三）乐商是乐清赶超跨越的重要资源，是乐清高质量发展的不竭动力。目前近30万乐商在全国各地创业创新创富，形成了一个庞大的乐商网络，拥有丰富的资本源、技术源、信息源和人才源；具有示范带动效应、市场扩容效应、财富积聚效应、资源配置效应、内外互动效应，做到了商行天下、智行天下、诚行天下、善行天下。乐清市委市政府不失时机地在全国各省、自治区、直辖市及计划单列市建立乐商回归与引进工作联络处，聘请在外乐商担任联络处主任（详见表3：全国各地乐商回归与引进工作联络处主任汇总表），并派出机关干部"蹲点招商"，有力推进了乐商回归工作。据统计，乐清近5年招大引强落地的30个项目（详见表4：2017—2021年度乐清市招大引强落地项目汇总表）中，乐商回归项目就有22个，占73%，计划总投资431.64亿元，占62%，成为乐清共同富裕领跑担当、先进示范的中坚力量。尤为欣喜的是，乐商回归投资相关行业的重点项目，也是推动乐清技术创新、产业升级、城市蝶变、乡村振兴、民生改善的示范案例（详见表5：乐商回归创业创新创富十大示范案例汇总表），将为乐清打造高质量发展建设共同富裕示范区县域标杆培育可复制可推广的典范。

五、引领乐商的制度安排与工作建议

（一）发挥政治优势，树立先进典型。企业家是市场经济的生命之源。他们通过相关的工商业活动，不断进行"创造性毁灭"。奥地利经济学派认为，如果没有企业家精神，市场经济就是停滞的，创造财富也就会成为一句空话。统计数据与项目案例表明，以广大乐商为主体的民营企业家是乐清经济发展的主力军，并推动了乐清本土经济与在外乐清人经济互动融合发展，乐商回归创业创新创富仍是乐清实现共同富裕的独特优势和重要抓手。建议市委市政府专题研究乐商回归助推乐清打造共同富裕示范区县域标杆工作，系统谋划、调整并出台相关政策措施；市四套班子领导应定期开展对异地温州商会、异地乐清商会、在外乐商调研考察与回归引领工作，加强与异地温州商会、异地乐清商会、在外乐商联络对接工作的力度和频次，旗帜鲜明地鼓励在外乐商成为乐清实现共同富裕的直接参与者、积极贡献者、共同受益者；推选、奖励并加大宣传乐商回归助推乐清各行各业高质量发展的先进典型，激发和召唤更多乐商回归，以各种可能或适当的方式助推乐清打造共同富裕示范区县域标杆，真正使他们在乐清投资有利润、置业有优惠、捐赠有名誉、创业有荣光。

（二）坚持项目为王，主攻薄弱环节。无论做大经济"蛋糕"，还是补齐公共服务短板，都必须抓投资，抓投资就要抓项目。从乐清实际看，抓项目既要谋大招强，围绕延链补链强链育链，抓好各大园区项目，又要注重抓好打造"十大标志成果"目标中"重振雁荡雄风""实现乡村振兴""保障山海安澜"板块的项目。要着力做好项目前期工作和项目包装，建议市委社会建设委员会统一部署，要求各相关职能部门、各乡镇（街道）发动社会力量，落实专门团队，以专业眼光、超前思维，做好各类项目的发掘、论证、包装，并可以按照匠心打造共同富裕乐清图景、发挥特色补齐短板的要求，参照外地成功案例，"无中生有"包装上报概念性项目。对汇总上报的基础项目，先由市委社会建设委员会或其成员单位进行梳理加工筛选，然后聘请专业团队进行论证加工，将每个项目以"文字＋图片＋VR"的数字化模式对外发布，便于包括各地乐商在内的投资者接收、掌握和选择。同时，要加强重大项目谋划，坚持"储备一批、落地一批、建设一批、投产一批"，并加大招商引资力度，加强项目建设全过程服务。

（三）创新投资机制，推动"社会创业"。中国特色社会主义共同富裕，一定要在创造经济财富的同时创造社会财富，"社会创业"是创造社会财富的一种有效途径，"社会创业"以"社会企业"为载体。从性质上说，"社会企业"是一般工商企业和非营利组织的结合体，一方面以社会效益最大化为经营目标，另一方面通过商业手段达成经济独立，赚取利润。而"社会创业"的根本目标是建设一个更美好的社会，可彰显"社会创业"投资者的社会责任感。在乐清共同富裕的过程中，"社会创业"可以发挥更大的作用。广大乐商在外闯荡市场、做大经济"蛋糕"、拥有巨额资本财富之后，或在"致富思源、富而思进"的家国情怀感悟下，或在"回馈社会、回报家乡"的感恩之心呼唤下，或在"树高千丈、落叶归根"的思乡情结支配下，或有乐商二代在接手巨额资本财富之后面临种种困惑，客观上他们需要回归乐清、回报家乡、投资增值的合适渠道。因此，建议本市运用社会价值投资理念，试行由政府部门或乡镇（街道）牵头建立若干以拟建项目开发营运为目的的"社会企业"，由政府（专项资金）、慈善机构或社会团体、虚席以待的乐商共同投资，聘请专业团队进行营运，吸引在外乐商投资入股，按投资额量化各方在该"社会企业"项目估值中的股份占比。投资者以董事会成员或高级顾问名义定期听取营运团队的汇报，对其绩效进行评估考核，对项目未来作出规划，确保"社会企业"在充分发挥社会效益的同时兼顾股东的合理回报预期，同时保障投资者的合法权益。

（四）加强组织服务，协同高效落实。作为市委市政府联络、协调、服务全国异地乐清商会、在外乐商回归创业创新创富工作的职能部门，市投资促进服务中心将坚决按照市委市政府的决策部署，在新时代打造乐清共同富裕示范区县域标杆的新进程中，时不我待，快马加鞭，制定工作规划，设计工作载体，尽快取得实效。一是及时调整市四套班子领导挂钩联系异地乐清商会制度的方案，调整聘任各省、市乐商回归与引进工作联络处主任名单与职责方案，上报市委市政府审批。二是在市委市政府领导的重视和支持下，加大资金投入，配备专职人员，运用数字技术，构建乐清市投资促进服务中心与全国异地乐清商会及重点乐商企业联通的数字化协同工作场景平台，强化数字赋能，提高工作效率。三是根据匠心打造"十大标志性成果"目标要求，强化对外派蹲点招商人员的督导和对接工作，积极利用参加异地温州商会、异地乐清商会重要活动和陪同市领导外出专题调研考察的机会，加强招商项目推介力度，深入实施谋大招强"一号工程"，建立完善"一个项目、一名领导、一张作战图、一个服务小组"的重大项目推进机制。四是加强督查考核机制，强化正风肃纪反腐，推动构建亲清政商关系、公平市场秩序和优越营商环境。

表 1 全国异地温州商会乐清籍现任会长汇总表

序号	省份	商会名称	会长姓名	会长企业名称
1	河北	秦皇岛温州商会	叶永鹏	河北秦开电气设备有限公司
2		张家口温州商会	黄孝存	河北瑞泰电器科技有限公司
3		保定市温州商会	童永华	保定市浙商投资有限公司
4	山西	山西省温州商会	黄志强	山西亚佳机电集团有限公司
5		晋城温州商会	周纪迁	晋城市千华商贸有限公司
6		忻州温州商会	黄安国	忻州市嘉恒矿业有限公司
7	内蒙古	包头市温州商会	余向杜	包头市一条龙实业发展有限公司
8		赤峰温州商会	郑建光	赤峰市中信房地产开发有限公司
9		兴安盟温州商会	朱恒洁	兴安盟海瑞电力工程安装有限公司
10		巴彦淖尔温州商会	连金龙	巴彦淖尔市尤特制衣有限责任公司
11	辽宁	大连市温州商会	郑永芳	中缆集团有限公司
12		本溪市温州商会	董孟清	辽宁正德科技工程有限公司
13		鞍山市温州商会	叶旭宝	辽宁科普自动化有限公司
14		葫芦岛温州商会	胡小敏	葫芦岛腾达电控设备制造有限公司
15		抚顺市温州商会	张建化	抚顺华巨实业集团有限公司
16		朝阳市温州商会	杨向中	定西民康药业有限责任公司
17		丹东温州商会	吴胜义	丹东绿城房地产开发有限公司
18		辽阳温州商会	黄顺田	辽阳环宇置业有限公司
19	黑龙江	大庆市温州商会	赵章千	黑龙江天正电器有限责任公司
20		齐齐哈尔温州商会	章国龙	黑龙江聚力电气有限公司
21		佳木斯温州商会	杨金朋	佳木斯七彩房地产开发有限公司
22		牡丹江温州商会	陈福松	黑龙江海川电气有限公司
23	吉林	吉林省温州商会	王建敏	吉林省中科汽车零部件有限公司
24		吉林市温州商会	王乐强	吉林市国大电气设备有限公司

续表

序号	省份	商会名称	会长姓名	会长企业名称
25	江苏	江苏省温州商会	张国利	南京金弘基科技发展有限公司
26		无锡市温州商会	黄会伟	万力控股有限公司
27		常州温州商会	陈永松	江苏固力电力工程有限公司
28	浙江	宁波市温州商会	陈昌海	宁波华助商业集团有限公司
29		舟山市温州商会	陈春雷	舟山西都互联网金融信息服务有限公司
30		绍兴温州商会	翁金生	绍兴市柯桥区宏泰小额贷款有限公司
31		台州温州商会	马智明	温岭市新铭房地产开发有限公司
32	安徽	安庆市温州商会	金云弟	安徽宏控智能电气设备有限公司
33		淮北市温州商会	陈雷需	安徽富特尔塑业有限责任公司
34		淮南市温州商会	叶一平	安徽人物电子商务有限公司
35	福建	福建省温州商会	毛海渊	摩融控股集团有限公司
36		南平市温州商会	徐岩程	福建南平正泰电器销售有限公司
37	江西	宜春温州商会	南金乐	南氏实业投资集团有限公司
38		萍乡温州商会	童金松	萍乡市金田物资贸易有限公司
39	山东	东营市温州商会	赵双明	东营市胜华中缆机电有限公司
40		滨州市温州商会	黄大顺	山东滨能电力工程有限公司
41		济宁市温州商会	陈庆龙	山东华龙世纪实业股份有限公司
42		潍坊市温州商会	王笃宣	山东中业通经贸有限公司
43		莱芜温州商会	李希洋	莱芜正泰电器有限公司
44	河南	河南省温州商会	卢庆中	河南温商联盟实业有限公司
45		开封市温州商会	林佰数	开封德汇电气成套设备有限公司

续表

序号	省份	商会名称	会长姓名	会长企业名称
46	河南	信阳温州商会	高　义	信阳建丰矿山工程有限公司
47		鹤壁温州商会	王乾春	河南远大矿山机械制造有限公司
48		驻马店温州商会	郑定辉	河南泰油谷投资集团有限公司
49		新乡市温州商会	童建成	河南胜华电缆集团有限公司
50	湖北	武汉市温州商会	陈定开	湖北浙商集团有限公司
51		襄阳市温州商会	钱成杰	襄阳荣华汽车贸易有限公司
52		荆门市温州商会	谢加勇	湖北海山生态农业发展有限公司
53		荆州温州商会	蒋忠淼	湖北铭正泰电器线缆工程有限公司
54	湖南	株洲市温州商会	赵国成	株洲正泰电器设备有限公司
55		益阳市温州商会	林乐荣	湖南欣达电线电缆有限公司
56		湘西州温州商会	卓建银	古丈县卓良木业有限责任公司
57	广东	佛山市温州商会	高　飞	广东创亚电气集团有限公司
58		惠州市温州商会	吴宝玉	广东格林精密部件股份有限公司
59		东莞市温州商会	林存强	东莞市众晟人力资源有限公司
60	广西	防城港温州商会	王必云	防城港市发桂医药科技发展有限公司
61	海南	海口温州商会	刘汉博	海南浙商机电灯饰城股份有限公司
62	四川	德阳市温州商会	朱海光	德阳市庄派商贸有限公司
63		宜宾市温州商会	周宝顺	宜宾市星光百货有限公司
64		乐山市温州商会	郑乐燕	宁格朗电气股份有限公司
65		内江市温州商会	黄亦文	内江市沪工机电设备有限公司
66		达州市温州商会	赵银华	四川巨仁泰电气有限公司
67		自贡市温州商会	赵崇杰	四川省环宇电控制造有限公司
68		凉山州温州商会	陈银生	人民电器集团西昌有限公司
69		巴中市温州商会	宋圣友	巴中温欣凯富置业有限公司

续表

序号	省份	商会名称	会长姓名	会长企业名称
70	贵州	黔东南温州商会	孔成岳	贵州浙商园林绿化有限公司
71	云南	云南省温州商会	高仁财	云南高峰科技有限公司
72		曲靖温州商会	马式银	云南古茶茶业有限公司
73		昆明市温州商会	王国新	云南巨力电缆股份有限公司
74		大理州温州商会	陈从文	大理州正泰电器销售有限责任公司
75		玉溪温州商会	卢正旦	玉溪新兴乐大商贸有限公司
76		德宏州温州商会	连 东	瑞丽市温商大酒店有限公司
77	西藏	西藏温州商会	陈建瑶	西藏通泰投资有限公司
78		日喀则温州商会	叶育青	日喀则启航电力工程有限公司
79	陕西	西安市温州商会	江德友	陕西铠达投资（集团）有限责任公司
80		宝鸡市温州商会	倪志清	宝鸡长城电器有限公司
81		延安温州商会	童安桂	延安市宝塔区长江机电设备有限责任公司
82	甘肃	甘肃省温州商会	汤宝金	甘肃金宝宏峰房地产开发集团有限公司
83		金昌温州商会	郑银才	金昌市东方实业发展有限公司
84	青海	青海省温州商会	孙立武	青海立森实业有限公司
85	宁夏	石嘴山温州商会	王献海	石嘴山市佰德隆商贸有限公司
86		吴忠温州商会	何顺贵	宁夏大有电气集团有限公司
87	新疆	新疆温州总商会	陈益民	新疆金茂企业集团有限公司
88		喀什市温州商会	陈克平	喀什陈氏实业有限责任公司
89		石河子温州商会	王益友	石河子远大房地产开发有限责任公司
90		伊犁温州商会	王旭华	伊犁温商房地产开发有限公司

表 2　全国异地乐清商会汇总表

序号	商会名称	会长姓名	会长企业名称	秘书长姓名
1	北京乐清商会	陈春良	台邦电机工业集团有限公司	吴炳麟
2	上海乐清商会	高天乐	天正集团有限公司	杨爱琴
3	天津乐清商会	陈志强	天津高士达电器有限公司	林逸丹
4	重庆市乐清商会	童瑞斌	重庆百成汇服饰有限公司	王　娟
5	广州市乐清商会	吴尊永	环宇集团（广州）电气有限公司	郑余金
6	四川乐清商会	徐祥忠	成都市金牛区飞洲鸟服饰店	高　峰
7	武汉市乐清商会	林乐飞	人民电器集团湖北有限公司	陈宋文
8	合肥市乐清商会	倪亦成	安徽德汇电气有限公司	蔡少安
9	长春市乐清商会	陈龙平	天正集团长春销售有限公司	朱元豪
10	昆明市乐清商会	刘　赞	云南德开电气集团有限公司	王丽芳
11	贵阳市乐清商会	陈景帆	贵州中泰集团有限公司	林淑桢
12	杭州市乐清商会	林建新	万泰控股集团股份有限公司	王文君
13	中国轻纺城乐清商会	吴建春	中国轻纺城跨境电商产业园有限公司	卢美东
14	桐乡市乐清商会	周碎国	佰富服装科技（浙江）股份有限公司	钱云生
15	嘉兴南湖乐清商会	叶祥星	神龙电气股份有限公司	曲川江
16	沈阳市乐清商会	黄忠超	沈阳融乾房地产开发有限公司	张惠鸣
17	中山市乐清商会	杨建良	中山九和新电器科技有限公司	倪宗强
18	西安市乐清商会	孙存益	聚品惠控股有限公司	朱建锋
19	宁波市乐清商会	李丰年	宁波罗格朗电气有限公司	陈国荣
20	青岛市乐清商会	刘　超	一开控股（青岛）有限公司	林浙挺
21	南昌市乐清商会	高飞荣	江西省南开电气成套有限公司	陈吉夫
22	济宁市乐清商会	陈庆龙	山东华龙世纪实业股份有限公司	朱成武

续表

序号	商会名称	会长姓名	会长企业名称	秘书长姓名
23	郑州市乐清商会	卢庆中	河南温商联盟实业有限公司	黄友福
24	佛山市乐清商会	黄时强	佛山市顺德区德力西电器有限公司	翁天南
25	石家庄市乐清商会	吴达才	河北裕丰园房地产开发有限公司	章直峰
26	苏州市乐清商会	黄志东	苏州市华泰防爆电器有限公司	刘顺淼
27	深圳市乐清商会	高新和	东崎变频（深圳）科技有限公司	卢燕蕊
28	哈尔滨市乐清商会	王良平（荣誉会长）	哈尔滨北能电气有限责任公司	余腾熊

表3 全国各地乐商回归与引进工作联络处主任汇总表

序号	地区	姓名	关联公司	社会职务
1	北京市	陈春良	台邦电机工业集团有限公司	北京乐清商会会长
2	上海市	王吉雷	中通快递股份有限公司	上海市浙江商会执行副会长
3	天津市	应泽从	天津牛津科技有限公司	天津市温州商会名誉会长
4	重庆市	梁贤安	重庆莱诺时装有限公司	重庆市乐清商会执行会长
5	浙江省	黄纪云	浙江育英教育开发有限公司	杭州市乐清商会名誉会长
6	河北省	庄玉龙	河北港都投资集团股份有限公司	唐山市温州商会名誉会长
7	山西省	黄志强	山西亚佳机电集团有限公司	山西省浙江商会会长
8	内蒙古自治区	郑元桂	内蒙古正泰电器有限公司	内蒙古浙江商会常务副会长
9	辽宁省	黄忠超	沈阳融乾房地产开发有限公司	沈阳市乐清市商会会长

续表

序号	地区	姓名	关联公司	社会职务
10	黑龙江省	薛旭楼	黑龙江温州城智能小镇开发有限公司	黑龙江省浙江商会常务副会长
11	吉林省	叶信存	华信装备制造集团有限公司	吉林省总商会副会长
12	江苏省	张国利	南京金弘基科技发展有限公司	江苏省温州商会会长
13	安徽省	郑晓明	合肥固力发电气有限公司	合肥乐清商会名誉会长
14	福建省	毛海渊	摩融控股集团有限公司	福建省温州商会会长
15	江西省	南金乐	南氏实业投资集团有限公司	江西省浙江商会会长
16	山东省	陈成俊	远东电器集团有限公司	青岛市温州商会名誉会长
17	河南省	张祖海	郑州海圣伦实业有限公司	郑州市二七区工商联副主席
18	湖北省	陈定开	湖北浙商集团有限公司	武汉市温州商会会长
19	湖南省	林金屏	长沙佳恒实业有限公司	长沙市温州商会常务副会长
20	广东省	蔡汝青	广州娇联实业投资有限公司	广州市温州商会名誉会长
21	广西壮族自治区	虞汉新	广西隆泰电力投资有限公司	南宁市温州商会名誉会长
22	四川省	陈朝钦	四川省城镇建设开发有限公司	四川省浙江商会会长
23	海南省	姚如旗	海南德的旅游发展有限公司	
24	贵州省	夏伟平	贵州万卷图书有限公司	
25	云南省	叶贤来	云南中南亚水电设备工程有限公司	昆明市乐清商会名誉会长
26	西藏自治区	傅定一	西藏欣泰工贸有限公司	西藏浙江商会常务副会长
27	陕西省	江德友	陕西铠达投资（集团）有限公司	西安市温州商会会长
28	甘肃省	张建友	兰天控股有限公司	甘肃省温州商会名誉会长

续表

序号	地区	姓名	关联公司	社会职务
29	青海省	王恒昆	青海京柯盐化有限公司	青海浙江商会常务副会长
30	宁夏回族自治区	张顺利	宁夏佰斯特医药化工有限公司	宁东企业和企业家联合会常务副会长
31	新疆维吾尔自治区	蒋益东	新疆兆龙达尚房地产开发有限公司	新疆温州商会荣誉会长
32	深圳市	潘寿炽	惠州市星之光科技有限公司	深圳市乐清商会执行会长
33	大连市	郑永芳	中缆集团有限公司	大连市温州商会会长
34	厦门市	南存钿	厦门日华科技股份有限公司	厦门温州商会常务副会长

表4 2017-2021年度乐清招大引强落地项目汇总表

序号	项目名称	项目业主	项目所在地	产业类别	开工年度	项目计划总投资（亿元）	项目计划用地面积（亩）	建设进度	备注
1	中央厨房园区及现代食品配套产业项目	益海嘉里（温州）粮油食品有限公司	港区	二产	2021	100.3	1000.00	正在建设	
2	浙能乐清电厂三期工程	浙江浙能乐清发电有限责任公司	港区	三产	2021	70.05	477.3	正在建设	
3	正泰集团年产3500万套智能能源量测设备项目	浙江正泰仪器仪表有限责任公司	北白象镇	二产	2020	50.60	810	正在建设	乐商回归

续表

序号	项目名称	项目业主	项目所在地	产业类别	开工年度	项目计划总投资（亿元）	项目计划用地面积（亩）	建设进度	备注
4	中能环球中心建设项目	乐清晨德置业有限公司	中心区	三产	2017	50.00	116	投产使用	乐商回归
5	温州港乐清湾港区通用作业区（C区）一期工程项目	温州港集团有限公司	港区	三产	2019	30.37	860.2	正在建设	乐商回归
6	益而益年产6000万台（套）智能家居项目	益而益（集团）有限公司	北白象镇	二产	2020	22.51	310	正在建设	乐商回归
7	新日电动车建设项目	浙江新日电动车有限公司	经开区	二产	2019	22.00	205	正在建设	乐商回归
8	雁荡山石斛科技园项目	浙江铁枫堂食品饮料有限公司	大荆镇	二产	2019	22.00	662	正在建设	乐商回归
9	慢方适铁皮石斛健康产业链项目	乐清慢方适文化旅游有限公司	大荆镇	三产	2018	21.78	4500	铁定溜溜已开业	乐商回归
10	乐清湾港区菲姿时尚产业园	浙江菲姿时装有限公司	港区	二产	2018	21.50	431	已竣工	乐商回归
11	汽车线束总成、电池组件及连接件项目	浙江力达电器股份有限公司	经开区	二产	2019	21.00	212	正在建设	乐商回归

续表

序号	项目名称	项目业主	项目所在地	产业类别	开工年度	项目计划总投资（亿元）	项目计划用地面积（亩）	建设进度	备注
12	乐清成泰临港产业园项目	乐清成泰建筑工业科技有限公司	南岳镇	二产	2020	21.00	539	正在建设	乐商回归
13	宁德龙光年产20万套新能源汽车储能设备建设项目	浙江龙光精密科技有限公司	经开区	二产	2021	20.80	287	正在建设	乐商回归
14	华都天元广场项目	乐清虹南房地产开发有限公司	虹桥镇	三产	2017	20.00	96.96	开业	
15	正泰（乐清）物联网传感产业园项目	正泰（乐清）科技创新创业园有限公司	柳白新城	二产	2017	19.30	382	一期竣工	乐商回归
16	正大广场项目	正大新生活（乐清）商业开发有限公司	中心区	三产	2017	17.88	128	开业	
17	台邦精密减速器项目	台邦电机工业集团有限公司	经开区	二产	2018	17.04	220	一期竣工	乐商回归
18	普洛斯乐清智慧物流枢纽项目	温州诚亚供应链有限公司	柳市镇	三产	2021	16.11	500.67	正在建设	
19	瑞鑫卓越城	乐清浙瑞置业有限公司	柳白新城	三产	2021	16.00	118.9	正在建设	乐商回归

续表

序号	项目名称	项目业主	项目所在地	产业类别	开工年度	项目计划总投资（亿元）	项目计划用地面积（亩）	建设进度	备注
20	硬质合金及合金数控刀具生产基地	浙江德威硬质合金制造有限公司	乐清市	二产	2018	12.80	158	正在建设	乐商回归
21	工业电器关键零部件先进制造基地建设项目	浙江正泰电器股份有限公司	磐石镇	二产	2020	11.55	119.27	正在建设	乐商回归
22	红光智能电气产业园项目	红光电气集团有限公司	经开区	二产	2018	11.00	155.4	正在建设	乐商回归
23	浙江云谷磐石大数据中心项目	浙江云谷数据有限公司	磐石镇	二产	2019	10.50	50	一期竣工	乐商回归
24	浙江云谷－智能电气互联网创新中心（电子产业基地）基本建设项目	浙江云谷电子产业发展有限公司	柳白新城	二产	2019	10.40	35	投产使用	乐商回归
25	俊郎电气年产9万台智能电气设备建设项目	俊郎电气有限公司	柳市镇	二产	2021	10.36	115.5	正在建设	乐商回归
26	合兴集团年产5亿套智能电器精密部件智能化工厂项目	合兴集团有限公司	虹桥镇	二产	2019	10.20	145	正在建设	乐商回归

续表

序号	项目名称	项目业主	项目所在地	产业类别	开工年度	项目计划总投资（亿元）	项目计划用地面积（亩）	建设进度	备注
27	天正电气年产1亿套新型智能断路器数字工厂扩建项目	浙江天正电气股份有限公司	经开区	二产	2020	10.01	105	正在建设	乐商回归
28	博科供应链乐清项目	博科供应链管理（乐清）有限公司	港区	二产	2020	10.01	262	正在建设	
29	科都电气生产及辅助非生产用房基建项目	科都电气有限公司	经开区	二产	2018	10.00	90.9	正在建设	乐商回归
30	柳禾电气智能制造基地项目	乐清市柳禾电气有限公司	柳白新城	二产	2019	9.30	75	正在建设	乐商回归
	合计					696.36	13167.1		

表 5　乐商回归创业创新创富十大示范案例汇总表

序号	项目名称	项目概述	示范意义
1	正泰（乐清）物联网传感产业园项目	由头部企业正泰集团投资开发，以"物联网真实应用场景＋数字化体验＋博览会式观展＋工业旅游景点"融合的工业物联网沉浸式体验特色园区，构建物联网解决分享体验中心、数字化技术创新赋能中心、商务共享服务中心，打造数字化改革与绿色低碳双创高地	深化数字赋能，推进乐清电气产业集群产业链协同创新、数字化转型，提升乐清数字经济软实力

续表

序号	项目名称	项目概述	示范意义
2	台邦精密减速器项目	由在京乐商陈春良回归投资的智能制造精密齿轮传动减速器等电机产品的高新技术企业，落地三年后再扩建二期，2021年产值达7亿元，实现企业总部回归与加速发展	政府提供优质高效服务，实施对高新技术企业的倾斜政策，造就优越的营商环境，推动乐清高端制造业持续快速发展
3	浙江云谷数据＋智能电气互联网创新中心项目	由在京乐商黄献锋投资开发，系浙江省"152"项目，构筑数字产业的"数据底座"和"创新中台"，为浙南闽北赣东区域最大的第三方数据中心	挖掘利用大型发电厂的"废气"热能，解决"数字底座"的高能耗难题。通过"资源拼凑"、技术创新，实现绿色低碳节能，夯实数字经济底座，推动数字融合赋能
4	南虹广场项目	以在京乐商王云龙为主联合数位乐商投资开发，总建筑面积33万平方米，是一个集高级公寓、商务办公、购物中心、商业外街、星级酒店及大型停车场为一体的现代化城市综合体	2015年元旦开业的南虹广场，在乐清引进全球连锁超市沃尔玛及一大批知名品牌，系乐清市域内首家城市综合体，对提升乐清城市品位有着里程碑式意义
5	北塘花果飘香田园综合体项目	由在晋乐商、本村村民苏德生13年来累计投资近2亿元规划建设，建立专项合作社，开展土地流转，发展设施农业、观光农业，绿化美化村容村貌，集体经济和村民收入大幅度增加	系乐清市在外乐商致富思源、持之以恒、不计回报、巨额投资建设乡村的首个案例，北塘村现已成为远近闻名的乡村振兴示范村

序号	项目名称	项目概述	示范意义
6	荆山公学项目	由在粤乐商蔡汝青投资6亿元建立，系十二年一贯制高端现代化民办学校，2020年秋季开始招生入学，现有在校学生1500名	乐商助力振兴家乡教育事业，创新基础教育发展模式，力补大荆片区基础教育短板
7	环宇集团与伊顿公司跨境合资项目	由环宇集团与全球排名前三的电气巨头伊顿公司跨境合资在乐清成立环宇高科有限公司，进入跨国公司的技术平台与销售网络，实现强强联合，促进转型升级	依托乐清千亿级电气产业集群优势，推动本土企业与跨国公司的联合，为利益相关方和社会创造更多价值
8	益而益年产6000万台（套）智能家居项目	由在沪乐商章龙回归投资，系省"152"项目，利用乐清的上下游产业配套优势，发展智能电气、机电、家居产品，实现国内国际双循环	益而益集团系智能制造业的行业龙头企业，推进"专精特新"企业回归发展，有利于补链强链增链，增加区域经济发展韧性
9	慢方适铁皮石斛健康产业链项目	由在杭乐商、本村村民方玉友计划总投资22亿元开发建设，系省"152"项目，目前已完成8亿元，建成"铁定溜溜"游乐园及配套设施	既创新雁荡山旅游业态，又构建村民共富的土地租金、工作薪金、入股股金这一"三金模式"，促进共同富裕
10	雁荡山石斛科技园项目	由乐商宋仙水联合蔡汝青打造"铁枫堂"品牌，铁皮石斛在云南、浙江建有铁皮石斛种植基地，已成功将铁皮石斛列入国家卫健委、国家市场监管总局"药食同源"目录名单，拉长铁皮石斛产业链，提升铁皮石斛效益	铁皮石斛进入国家"药食同源"目录，为乐清铁皮石斛产业发展打开了希望之门，为乐清打造国家级铁皮石斛生物产业基地注入强大动力

参考文献

［1］中央办公厅.中共中央国务院关于支持浙江高质量发展建设共同富裕示范区的意见［M］.北京：人民出版社，2021.

［2］习近平.扎实推动共同富裕［J］.北京：求是杂志，2021年第20期.

［3］中共浙江省党校.共同富裕看浙江［M］.杭州：浙江人民出版社，2021.

［4］霍华德·W.巴菲特，威廉·B.艾米克.社会价值投资［M］.北京：机械工业出版社，2021.

［5］徐建兵.奋战"一三一〇"争当九大标兵，在共富路上全力打造"醉美之城·幸福乐清"［R］.温州：中共乐清市委办公室内部资料，2021.

（本文系 2021 年度温州市投促系统重点调研成果）

链接：

温州探索区域经济高质量发展新路

近年来，温州市坚持走全面深化改革之路，续写新的温州故事，构建新的温州模式，激活新的温州动力，为区域高质量发展积极贡献温州力量。

一、温州高质量发展取得新进展

温州市深入贯彻落实党中央国务院、省委省政府关于高质量发展部署，强化人才引育，打造科创高地，优化营商环境，推动数字化改革，全市高质量发展取得新进展。

（一）实施"百万人才聚温州"战略，涵养人才生态。针对顶尖人才打造"引育留用"的完整人才链，两年时间内实现院士引育"破零"并增至3位。设立"温州人才日"，大力实施高校毕业生招引"510"计划，全力打响"创业之都欢迎你，来了就是一家人"品牌。通过世界青年科学家峰会、民营企业人才周等活动集聚各路英才，科学家、企业家、创投家"三界"融合创新成效逐步显现。

（二）积极融入长三角城市群，推进一体发展。主动接轨大上海，率先与嘉定区合作布局，打造"科创飞地＋产业飞地"的双向飞地模式，形成"研发在上海，产业转化在温州"的发展新模式。加快推进与省内重点城市战略合作，与台州签订"温台民营经济协同发展战略合作协议"；与杭州、宁波分别开展数字经济战略合作，高水平共建国家自主创新示范区。积极推进与省际城市协同发展，推进浙南闽东合作发展区建设。

（三）持续优化营商环境，搭建开放平台。持续深化"最多跑一次"改革，涉企优惠政策全部实现在线公开、申报、兑现。创新推出"无还本续贷""无抵押贷款""科技贷"等举措，民营经济、小微企业、制造业贷款和贷款成本实现"三升一降"。推动综合保税区、跨境电商综试区、自贸区联动创新区等开放平台协同发展，为民营企业参与国际竞争合作搭建舞台。弘扬企业家精神，办好"温州民营企业家节"，建成投用"世界温州人家园"，给企业家以礼遇。

二、温州推进高质量发展的优势和困难

与上海、杭州、宁波等城市相比，对照"成为发展强劲的全省第三极"战略目标，温州深入推进高质量发展既存在比较优势，也存在不少困难。

优势一：具备人口流动带来的内生动力。温州地少人多，古往今来，温州人奔走在全国和世界各个角落。人口流动带来生机和活力，人口流动为温州提供各项事业发展所需的劳动力、资金、技术等资源，降低劳动力成本，拉动城市消费，帮助温州涵养形成开放包容、激扬活跃的城市文化氛围，提升了温州的辐射力、影响力和综合竞争力。

优势二：具备"温州人精神"这一宝贵财富。温州人是温州最宝贵的财富，"温州人精神"是指敢为人先、勇于创业创新的精神。温州人精神是长期奋斗发展中积淀下来的宝贵财富，引领着温州改革发展、奋勇争先、赶超跨越。进入新时代，温州人精神将继续激励温州续写创新史、争创先行市，将在浙江建设"重要窗口"中绽放更加耀眼的时代光芒。

优势三：具备民间商会、行业协会、异地温州商会发达的独特资源。温州在民间商会、行业协会、异地温州商会的建设上有成功的探索，商会和协会数量多、组织机构完善、运行机制健全，帮助规范市场主体行为，防止无序竞争，维护市场秩序。商会和协会成为市场各主体之间、企业与政府之间的沟通通道，政府与商会、协会分工协作，共同促进温州发展。

困难一：国内外形势复杂多变，温州改革发展进入攻坚期。全球正经历百年未有之大变局，全球化遭遇逆流，新冠肺炎疫情尚未止息，温州因为外贸依存度较高，发展的不稳定性不确定性较强。我国已经踏上全面建设社会主义现代化国家新征程，在新的历史时期，城市和区域竞争加剧，温州前有标兵、后有追兵，以浙江省内为例，杭州、宁波处于绝对领先位置，绍兴、嘉兴、台州是温州有力的追赶者，而温州包括民营经济、市场化改革在内的相对优势弱化，已经处于迫切需要深化改革的攻坚期。

困难二：资源要素趋紧，生产成本上升。"七山二水一分田"，温州各类资源本底薄弱，在经历过早期粗放式发展模式后，以土地为代表的生产要素短缺，存量不足、增量有限，综合生产成本不断上升。

困难三：地理位置受限，深化区域合作存在天然屏障。温州偏居浙江东南部，与上海、杭州、宁波等中心城市距离较远，地理空间和距离对深化区域合作造成天然限制。

困难四：数字经济发展优势不突出。全球进入新一轮科技革命和产业变革，以数字经济为代表的新兴产业将引领未来经济发展方向。温州数字经济的发展规模、质量效益和杭州等先进城市相比，仍存在不小差距，数字经济领军型企业和产业集群仍有待培育。

三、温州推进高质量发展的对策建议

对策一：把创新摆在核心位置，加快建设高水平创新型城市，争取尽快实现科技自立自强。系统提升"一区一廊一会一室"创新能级，实现更多从"0"到"1"的突破，强化科技创新的高水平供给能力，以自主可控的创新链保障安全稳定的产业链、供应链。发挥温州民营经济活跃优势，完善科技创新体系，打造领军企业、高新技术企业、科技型中小企业接续发展梯队，实现创新力量的"大小交融"。系统打造"产学研用金，才政介美云"十联动的创新创业生态体系，深化科技体制机制改革，坚持赋予科研单位和科研人员更大的人财物自主支配权和技术路线决定权，打通创新链、人才链、资金链、产业链、价值链"五链循环"通道。

对策二：构建人才"引力场"。坚持"百万人才进温州""千万人口住温州"战略，联合发改、经信、税务、民政等部门制定发布《百万人才、千万人口进温州宣言》《温州人才创新创业行动纲领》等具有温州辨识度的政策体系，给全国优秀人才提供最好的创业创新机会和发展环境，形成亿万人向往温州的力量，让去温州工作、在温州创业

成为一种新时代风尚，打造市场化的温州人才"引力场"。

对策三：**把优化营商环境作为"第一工程"**。营商环境建设是打开新时代温州高质量发展局面的总开关。争创全国民营经济示范城市，加快转变政府职能，培育市场化法治化国际化营商环境，让制度供给成为温州新一轮发展的核心竞争力。要继续深化"放管服"改革，进一步推动简政放权、放管结合、优化服务，厘清政府和市场的边界。要加快推进法律法规的"立改废释"，紧扣全国、全省营商环境优化改革要求，制定发布《新时代温州营商环境建设行动方案》及其实施细则，弥补政策缺位，适时修改现行政策文件，系统清理存在冲突和不合时宜的文件规定，切实推动上级层面各项规定的"精准触达"和"落地见效"。要继续放宽市场准入，提供清晰、透明的法律与监管规则，通过法治化提供公平稳定的外商投资环境，让国内外各类市场主体都能平等活跃地参与市场竞争。

对策四：**掀起制造业服务化转型热潮**。温州政府要有计划地引导产业进行服务化转型，制定发布《温州制造业服务化转型行动方案》，唤起制造型企业进行服务化转型的系统性意识，全面提升制造产业的附加价值，加速企业内部沉睡的知识资产有效转化为市场价值，加快提升温州制造业的整体水平和综合竞争力，在追赶世界制造业先进水平的道路上先行一步。

（本文引自 2022 年 2 月 8 日出版的新华社《经济参考报》A07 版，作者为浙江之江经济发展战略研究院调研组）

后　记

　　身处伟大的改革开放时代，本人被因民营经济名声鹊起而又精彩蝶变的家乡温州所深深感动。作为温州区域政府的公务员，本人坚持在工作中学习，在学习中思考，在思考中求真，不断尝试探索"温州模式"主要发祥地——乐清民营经济发展的新鲜课题，回顾总结、观察思考、研究探讨其在改革开放不同阶段的创新实践、发展动态、成功案例和对策建议，从而成为结集出版《温州民营经济解悟：以乐清为例》的基本篇章。本书各篇文章基本保持当时报送或发表时的原样，包括少数后来没有成功实施的项目案例也未删除，目的是为了真实反映地方政府行为的逻辑演进、民间创业创新的实际情形和各个发展阶段的政商语境。

　　致敬伟大的改革开放时代，出版《温州民营经济解悟：以乐清为例》是着力宣传温州改革开放先行示范的实际行动。本书既反映了地方党委政府在改革开放不同阶段改善营商环境、开展招商引资、实施温商回归、加快创新驱动、提升产业集群、推进共同富裕的政策措施与主要抓手，又展现了温州市域内外民营企业家包括全国各地温商群体创业创新的时代背景、奋斗精神、创业历程、成功业绩、典型事迹和社会贡献。翻阅本书，作为温州民营企业家，无论是集团公司董事长，还是身处异地他乡的温州商会同仁、乐清商会同仁，都能从中品味到过去的不易，分享到今日的喜悦，唤起对未来的畅想；作为正在成长的"温二代""温商青年联合会"的小伙伴们，从中可以追寻长辈们创业创新的成功密码，提高对家乡温州的认知水准；关注温州、研究温州的有识之士，可以从新的维度认识温州，以新的视角解读温州民营企业家。

感谢伟大的改革开放时代，本人为能在"两个百年目标"的历史交汇点出版《温州民营经济解悟：以乐清为例》而无比激动。感谢党组织对本人的培养，感谢所有关心支持帮助本人的领导、同事、老师、朋友和家人们！感谢本人的老领导张焕秋、陈棉权、黄正强、林建伟、林培根、胡晓翔、刘云峰、范晓东、徐海严、徐扬、杨可安、颜厥忠、周庆耀、周新敏、钱学锋、管宝友等同志的关心和指导；感谢本人近20年来在乐清市招商局（乐清市投资促进服务中心）工作的历任班长黄道中、翁文军、赵旺杰、徐立志同志和同事蔡义忠、胡里生、姚公辉、周琳彬、赵海祥、周克付、姜巨珍等同志的包容和支持；感谢温州理工学院党委统战部长、经济与管理学院党委书记林盛光老师，温州理工学院经济与管理学院副院长陈香堂博士，温州市委政策研究室调研员、温州市经济师协会秘书长李伟力同志对本人结集统筹本书的热情鼓励和具体指导；感谢乐清市机关事务管理中心主任余建岳同志、乐清市委办公室政策服务中心主任陈梦同志热心帮助本人做好文章选编和资料校对工作；感谢乐清市招商局原同事倪建微、郑央羽、何建与乐清市投资促进服务中心同事叶淑蕾、陆丰、李贞、王剑、张怀福、孙建军、陈晓云、余罗茜、陆宗晓、金晓旺等同志为本书相关文章收集政策文件、项目信息、核对数据所付出的辛勤劳动。尤其要感谢乐清市统计局原副局长赵顺招同志提供在任时完成的关于发展乐清数字经济等三个调研课题报告稿件，丰富了本书的内容；感谢上海复大品牌研究所所长、复旦大学东方管理研究院教研基地主任、研究生导师陈云勇博士为本书作序，并高屋建瓴地对提升温州城市品牌和发展温州民营经济提出鲜明观点；感谢中华工商联合出版社领导和编辑为本书顺利出版所付出的智慧和辛劳。当然，更要感谢岳父项文渊先生的亲切教诲，感谢妻子项素瑾女士的默默付出，欣喜孙子陈书豪小朋友的茁壮成长，这都是本人前行的动力。

祝福伟大的改革开放时代，加快建设更具活力的"千年商港、幸福温州"的大潮正在瓯越大地不断滚动。正如本书"链接"文章《温州探索区域经济高质量发展新路》所指出的：近年来，温州市坚持走全面深化改革之路，续写新的温州故事，构建新的温州模式，激活新的温州动力，做强做大"全省第三极"，以实干争先的姿态，谱写"两个先行"温州篇章，为区域高质量发展积极贡献温州力量。当本书出版发行之际，正值庆贺党的二十大胜利召开的大喜日子，祝福温州在习近平新时代中国特色社会主义思想指引下，在党的二十大精神鼓舞下，在区域经济高质量发展中再创辉煌！